SICHER FREIKLETTERN

W0074064

Mit Fotos von Heinz und Angelika Zak
Graphische Darstellungen: Angelika Zak
Karrikaturen: Bernhard Wietlisbach

Titelfoto:
Alpines Sportklettern im „Locker vom Hocker", 8–,
Schüsselkar, Wetterstein.

Handrißdach „More Monkey Than Funky", 8/8+,
Joshua Tree, USA.   ▶

BERGVERLAG RUDOLF ROTHER

Die Ausarbeitung aller in dieser
Lehrschrift beschriebenen Techniken
und Sicherungsformen erfolgte nach
bestem Wissen und Gewissen des
Autors. Dieser und der Verlag
können jedoch keine Gewähr für die
Richtigkeit der Angaben übernehmen.

2. vollständig neubearbeitete
Auflage 1990
Alle Rechte, ausgenommen Text und
Bilder von Anzeigen,
bei der Bergverlag Rudolf Rother
GmbH, München
ISBN 3-7633-6074-3

Gesamtherstellung:
Rother Druck GmbH
2270 / 0067

Heinz Zak
Peter Gschwendtner

Sicher Freiklettern

Inhaltsverzeichnis

Inhalt

Vorwort

Gratulation! Mit der Absicht, sogar das Vorwort zu lesen, sind ihre Überlebenschancen mindestens um 50% gestiegen. Gewiß – allein das Klettern macht Spaß! Am liebsten würden wir ohne Vorbereitung den 10. Grad meistern, „free solo" versteht sich! Aber Klettern ohne langsam gewachsene Erfahrung in Kletter- und Sicherungstechnik ist eine fragwürdige Basis, die schnell ins Wanken gerät und fatale Folgen haben kann. Gut Ding brauch Weil! Gerade in dieser hektischen, leistungsorientierten Zeit darf der bleibende Freiraum nicht dem Alltagsstreß angepaßt werden. Mit Eifer – ja –, aber nicht mit Gewalt etwas erzwingen. All zu leicht geht die Freude an der Sache verloren.

Glücklicherweise konnten wir die gefährlichen Anfangsjahre unbeschadet überstehen und unseren Erfahrungsschatz im Laufe der Zeit in den verschiedensten Klettergebieten der Welt erweitern. Das erworbene Wissen möchten wir in diesem Buch gerne weitergeben. Die Klettertechniken als auch das notwendige Drum-Herum sind in einfachen, kurzen Texten festgehalten. Auf Gefahrenquellen, die Anfänger ebenso wie Fortgeschrittene nicht erkennen oder gering schätzen, haben wir nachdrücklich hingewiesen.

Für das Krafttraining stellen wir ein einfach nachvollziehbares Trainingsmodell vor. Unter der Berücksichtigung der verschiedensten Modelle wurde es in Zusammenarbeit mit Herrn Peter Loos, dem ehemaligen deutschen Nationaltrainer für Biathlon, erstellt.

Klettern hat in unserem Leben viel Positives bewirkt. Im Wettkampf mit uns selbst versuchen wir Angst zu überwinden, Schmerzen zu akzeptieren und auf Annehmlichkeiten zugunsten des erforderlichen Trainings und der richtigen Ernährung zu verzichten. Durch dieses Selbsterfahrungstraining zum Ausloten physischer und psychischer Grenzen und der Auseinandersetzung mit anderen Menschen und Kulturen erleben wir das Klettern als herrlichen Weg zur Selbstfindung. Nach der vordergründigen Lust am Abenteuer, der Sucht nach körperlicher, kreativer Bewegung erkennen wir gleichsam die positive Wechselwirkung zwischen Körper und Geist.

◀ *„Knick-Poker", 7, Sonnenterrasse, Wetterstein.*

Freiklettern

Der Grundgedanke des freien Kletterns liegt in der sportlich fairen Auseinandersetzung mit einer Route. Um dieser Idee gerecht zu werden, verzichteten die Kletterer des Elbsandsteingebirges schon vor ca. 100 Jahren auf technische Hilfsmittel wie Seil oder Haken zur Fortbewegung.

Mit weniger strengen Regeln wurde das Freiklettern nach England und später in die USA gebracht. Konsequentes Training, ideale Kletterbedingungen und ein auf das Klettern ausgerichteter Lebensstil führten zu einer unglaublichen Leistungssteigerung. Begeisterte Besucher des „Mekka des Freikletterns" brachten die „neue Kletterethik" auch nach Mitteleuropa, wo mit Bohrhaken und Trittleitern gerade die allerletzten Probleme gelöst wurden. Mit der Wiederentdeckung des Freikletterns änderte sich der Kletterstil schlagartig. „Clean Climbing" war die neue Devise: Um den Fels natürlich zu belassen, wurden vor allem Klemmkeile zur Sicherung verwendet. Der Bohrhaken wurde als unfaires und felszerstörendes Hilfsmittel verdammt. Wenig später jedoch wurde zur Erschließung von schwierigen und sicherungsfeindlichen Wegen der totgesagte Bohrhaken zögernd wieder ausgegraben und gilt heute als etablierte Notwendigkeit. In der Euphorie des „immer schwieriger" wird zunehmend jegliche Ethik begraben. Einige Kletterer akzeptieren schon das Schlagen von künstlichen Griffen, um eine Route in den Bereich des Möglichen zu rücken. Ein selbstgebastelter Weg spiegelt somit weniger Kreativität und Phantasie des Erstbegehers wider, als vielmehr die anatomischen Eigenheiten des Baumeisters. Ob diese Taktik als Selbstbetrug und kranker Ehrgeiz oder als notwendige Weiterentwicklung zu werten ist, wird sich bald zeigen.

Als augenblicklich letzte Entwicklungsstufe präsentiert sich das Wettkampfklettern. Immer besser organisierte Wettbewerbsveranstaltungen, ständig steigende Preisgelder und lukrative Vermarktungschancen treiben immer mehr Kletterer ins Profigeschäft. Der Einsatz dafür ist unerbittlich: Die Leistungsspirale beginnt sich ins Unendliche zu drehen.

Das Sportklettern wird sich vielleicht in absehbarer Zeit herkömmlichen Sportarten wie zum Beispiel Skifahren mit allen Konsequenzen und Begleiterscheinungen nähern. In organisierten Vereinen wird dann ein regelmäßiges Training durchgeführt und auf Kreis- oder Bezirksebene werden einmal im Jahr Wettkampfveranstaltungen abgehalten.

Anstrengende Kletterei in der Route „Luftfahrt", 9, Astlehn, Ötztal. ▶

Spielregeln

Definition

Wie jede andere Sportart hat auch das Freiklettern bestimmte Regeln, die einen objektiven Leistungsvergleich ermöglichen. Das Fundament aller Stilformen ist die **Definition des Freikletterns**:

> **Der Kletterer verwendet zur Fortbewegung ausschließlich natürliche Haltepunkte im Fels. Technische Hilfsmittel (Seil, Haken, Klemmkeile . . .) dienen nur der Sicherung, nicht aber als Halte- oder Rastpunkte.**

Freiklettern ist deshalb nicht unbedingt Klettern ohne Seilsicherung, was heute noch ein weitverbreiteter Irrglaube ist. Das Ziel ist die sturzfreie Durchsteigung einer Seillänge. Entscheidend für die erbrachte Leistung ist weniger der Schwierigkeitsgrad als vielmehr der Stil, in dem die Route geklettert wird.

Entwicklungsstufen des Sportkletterers

Die Anzahl der Versuche zeigt dem Kletterer, ob er in dem bewältigten Schwierigkeitsgrad Anfänger, Fortgeschrittener oder Könner ist.
Der **Anfänger** tastet sich zaghaft an die neue Dimension heran. Er wird über die Route abseilen, um Bewegungsabläufe besser erkennen zu können. Das Ausarbeiten und Einstudieren von Kletterpassagen mit Seilsicherung von oben (= Toprope) ist für ihn unerläßlich.
Der **Fortgeschrittene** wird dieselbe Route im Vorstieg versuchen und sie nach mehreren Stürzen durchsteigen.
Dem **Könner** gelingt die sturzfreie Begehung einer unbekannten Route im Vorstieg (= On-Sight-Begehung, Flash).

◀ „Take ist easy" – Regel Nummer 1.

Free Solo – Begehung einer Gritstone Kletterei, 8.

Begehungsarten

On Sigth (Flash):   Sturzfreie Begehung einer völlig unbekannten Route im Vorstieg.

Rotpunkt: Sturzfreie Begehung einer bekannten Route, alle Sicherungen werden aus der Kletterstellung angebracht.

Pinkpoint: Entspricht der Rotpunktbegehung mit der Erleichterung, daß die Karabiner schon in den Haken hängen.

Rotkreis: Nach einem Sturz wird das Seil nicht abgezogen; beim nächsten Versuch ist der Kletterer also bis zur Sicherung, in der das Seil hängt, von oben gesichert.

Rotkreuz: Freie Begehung einer Seillänge im Nachstieg.

Toprope: Begehung einer Route mit von oben eingerichteter Seilsicherung.

Free Solo: Seilfreies Klettern einer Route.

a. f.:   Durchsteigen einer Route mit Ruhen an den Sicherungen.

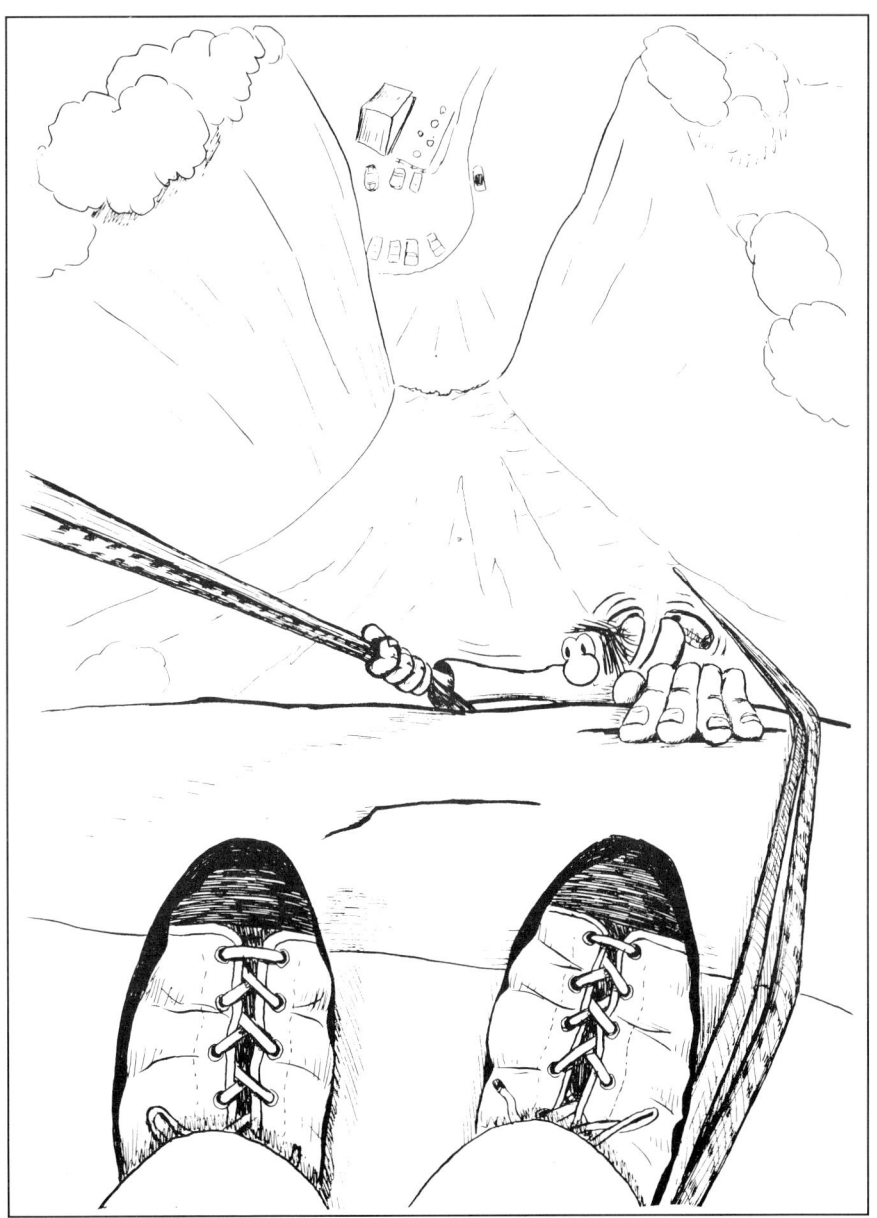

Die Autoren in einer schwierigen Freikletterroute.

Die Freude am Klettern sollte nicht durch die Jagd nach hohen Schwierigkeitsgraden verloren gehen. „Via Ottica", 6+, Finale, Italien.

Schwierigkeitsbewertung

Im Freiklettern gibt es keine objektiven Maßstäbe zur Bewertung einer Leistung. Der in Zahlen ausgedrückte Schwierigkeitsgrad ist lediglich ein Anhaltspunkt.

Entscheidende Kriterien sind Griff- und Trittgröße, Wandstruktur, Steilheit und die Schwierigkeit der einzelnen Bewegungsabläufe.

Zur Einstufung einer neuen Route wird diese mit Standardrouten des jeweiligen Schwierigkeitsgrades verglichen.
Wenig sinnvoll erscheint die verbale Formulierung eines Schwierigkeitsgrades. Wer könnte sich wohl den Unterschied zwischen „äußerst schwierig" (6. Grad), „außergewöhnlich schwierig" (7. Grad) und „super-hyper-ober schwierig" (12. Grad) vorstellen.

Tip: Sowohl das Überschätzen des eigenen Leistungsvermögens, als auch die Methode „Versuch und Irrtum" haben beim Freiklettern oft ungesunde Folgen.

Take ist easy
Die Freude am Sport sollte nicht durch die Jagd nach immer schwierigeren Routen verloren gehen, denn letztendlich ist der Stil wichtiger als der Schwierigkeitsgrad!

Bewertungssysteme

Aufgrund der eigenständigen Entwicklung haben verschiedene Kletterzentren unterschiedliche Bewertungssysteme hervorgebracht. Es ist schwer, die verschiedenen Skalen direkt miteinander zu vergleichen. Je nach Gestein, Kletterstil und -ethik werden unterschiedliche Anforderungen an den Kletterer gestellt. Eine Maximalkraft-Einzelstelle im Kalk läßt sich mit einem Ausdauer fordernden Granitriß nicht vergleichen. Hinzu kommt noch, daß z. B. im Elbsandsteingebirge auch Kriterien wie Wandhöhe und psychische Anforderungen für die Bewertung entscheidend sind. Kompliziert ist die englische Bewertung. Die arabische Ziffer steht für die klettertechnische Schwierigkeit der härtesten Einzelstelle. Der E-Grad ist eine Gesamtbewertung, die über psychische und athletische Anforderungen Auskunft gibt.

UIAA Skala	Frankreich	USA	England	Australien	DDR
VI+	6a	5.10a	5b	19	VIIc
VII–	6b	5.10b		20	VIIIa
VII		5.10c	5c		VIIIb
VII+	6c	5.10d		21	VIIIc
VIII–		5.11a	E3	22	IXa
VIII	7a	5.11b	6a	23	IXb
		5.11c		24	IXc
VIII+	7b	5.11d	E4	25	Xa
		5.12a	6b		
IX–		5.12b		26	Xb
IX	7c	5.12c	E5	27	
		5.12d	6c	28	
IX+	8a	5.13a		29	Xc
X		5.13b	E6	30	
	8b	5.13c		31	
X		5.13d	7a	32	
X+	8c	5.14a	E7		
XI–		5.14b		33	
		5.14c	7b		

Ausrüstung

Eine moderne, zeitgerechte Ausstattung muß der Forderung nach Sicherheit, Funktionalität, Bequemlichkeit und Leichtigkeit Genüge tun.

Seil

Bei rationeller Überlegung kommt nur ein 50-Meter-Seil in Betracht. Seilreserven beim dynamischen Sichern, Seillängen von 50 Metern im Gebirge usw. sprechen eine deutliche Sprache. Bei alpinen Einsätzen sollte ein Seil mit Imprägnierschutz verwendet werden, welches bei widrigen Verhältnissen ein Eindringen von Wasser erschwert. Everdry, Superdry, Longdry sind verschiedene Bezeichnungen, die auf diesen Imprägnierschutz hinweisen. Das persönliche Empfinden trifft die Entscheidung zwischen hartem und weichem Seil (am Scheuerfaktor zu erkennen). Während ein weiches Seil mehr Handlichkeit und geringere Lebensdauer aufweist, verspricht ein hartes Seil höhere Lebensdauer und weniger gute Handlichkeit.

Doppelseil:
+ Sicherheitsreserven sehr hoch (Beispiel → Steinschlag)
+ Schneller Rückzug möglich
+ Beim Abseilen steht die volle Seillänge zur Verfügung
− Hoher Preis
− Hohes Gewicht
− Sehr platzgreifend
− Umständliche Handhabung
− Viele Expreßschlingen notwendig
− Oft keine Rückzugsmöglichkeit im Gebirge

Einfachseil (ab 10,5 mm):
+ Preiswert
+ Einfaches Handling
+ Platzsparend
− Beim Abseilen steht nicht die volle Seillänge zur Verfügung

Einfachseil für den Spitzenkletterer (unter 10 mm):
+ Geringstes Gewicht
+ Niedrigste Reibungswerte
– Verschleißfreudig durch dünnen Mantel
– Geringere Sicherheit

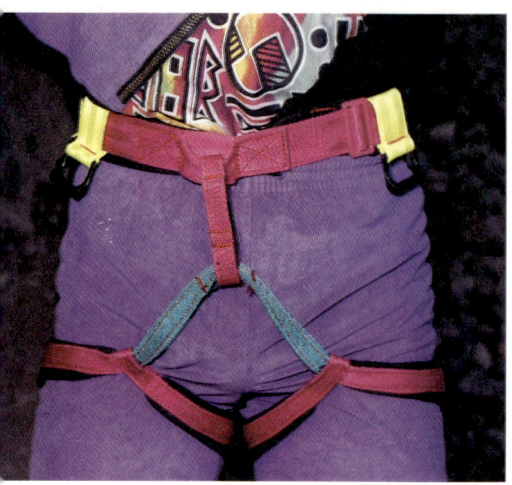

Hüftgurt.

Anseilgurt

Brust-, Sitz- und Hüftgurte gibt es in verschiedensten Ausführungen. Gurte mit breiten, schmalen, gepolsterten Schlingen, mit oder ohne Schnalle stehen zur Auswahl. Der Anwendungsbereich bestimmt den Kaufentscheid. Kletterer mit höchsten sportlichen Ambitionen bevorzugen den leichten Hüftgurt mit den schmalen Schlingen, der Allrounder greift wahrscheinlich zum Gurt mit breiten Schlingen und Schnalle. Schnallen erlauben ein exaktes Einstellen, beinhalten aber durch die Möglichkeit des Einfädelns ein kleines Risiko.

Reibungsschuhe

Der Kauf eines Reibungsschuhes sollte weniger von zahlenmäßigen Vergleichen (Beispiel → Reibungskoeffizienten, Gewicht) abhängen. Viel wichtiger ist ein exaktes, angenehmes Sitzen eines bestimmten Schuhtyps; eine flache Schuhspitze und eine gute Reibungssohle sind natürlich selbstverständlich. Die Wahl zwischen einer weichen oder harten Sohle richtet sich nach dem vorwiegenden Einsatzgebiet (Beispiel → flacher Granit verlangt eine weiche, steiler Kalk dagegen eine harte Sohle) und nach persönlicher Bevorzugung.

Gewöhnlicher Reibungsschuh (hoher Schaft):
+ Allroundeigenschaften
+ Lange Lebensdauer, da Obermaterial kaum verschleißt und die Sohle sich austauschen läßt

Vorteil eines weichen Reibungsschuhs in überhängender Kletterei;
„Wilder Socken" 9–, Sonnenterrasse, Wetterstein.

+ Gute Längs- und Seitenstabilität
– Hohes Gewicht
– Nicht so elegantes Klettern möglich

Weicher Reibungsschuh (Halbform):
+ Sehr gefühlsintensiv
+ Optimale Beweglichkeit im Fußgelenk
+ Im überhängenden Fels höhere Belastung der Beine durch Zehendruck möglich
– Für kleinste Tritte zu wenig Stabilität
– Verschleißfreudiger

Ballettschuh:
+ Bequeme Tragweise
– Schneller Verschleiß
– Keine Stabilität

Hammer und Hakensortiment.

Helm

Ein Helm sollte folgendes aufweisen:
○ Hohe Absorbtion
○ Ausreichende Seitenstabilität
○ Gute Belüftung
○ Geringes Gewicht

Hammer

Unerläßlich im Gebirge. Zu empfehlen ist ein leichter, zugkräftiger Hammer mit Kunststoffschaft und auswechselbarer Spitze (Stubai, FKW-Sytem).

Haken

In alpinen Routen ist das Mitführen eines Hakensortiments unerläßlich.

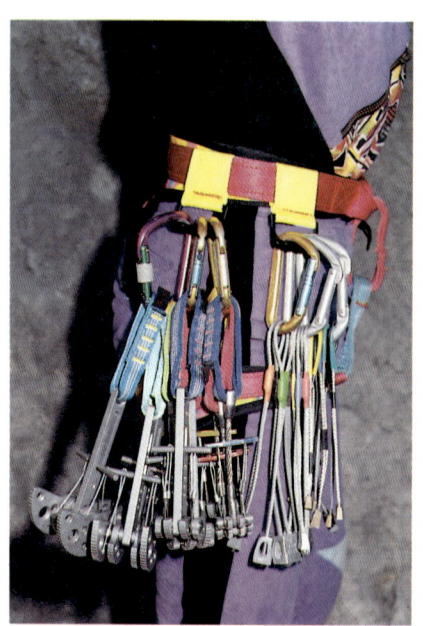

Friends, Rocks und Messingkeile.
(Wild Country)

Expreßschlingen.

Klemmkeile

Ein ausgewähltes Klemmkeilsortiment sollte jeder Kletterer aufweisen können (siehe Kapitel „Anwendung von Sicherungsmitteln", Seite 49 ff.).

Karabiner

Ein Karabiner sollte preiswert und leicht sein. Die Erfüllung der UIAA-Norm ist obligatorisch. Zu vermeiden ist der Kauf von Hohl- und Trapezkarabinern, da diese Risiken beinhalten.

Abseilachter

Optimales Bremsgerät beim Abseilen.

Expreßschlingen

Die Länge richtet sich nach den individuellen Bedürfnissen. Geben die beiden Schlaufen der Expreßschlinge den Karabinern keine Möglichkeit sich umzudrehen, so ist es eine gute Schlinge.

Bandschlingen

Zum Einrichten von Standplätzen, Legen von Zwischensicherungen und andere Bedarfsfälle sind 2–3 Schlingen immer von Vorteil.

Reepschnüre

Bei Routen mit mehreren Seillängen sollte jeder Kletterer zwei Reepschnüre – 4 mm stark und 4–5 m lang – mitführen (Rückzug, Behelfsmäßige Bergung).

Magnesiabeutel

- Die ganze Hand sollte Platz haben
- Verstärkter Rand zum problemlosen Nachchalken
- Einen Verschluß zum sauberen Abdichten nach dem Klettern
- Befestigungsmöglichkeit für die Zahnbürste

Zahnbürste

Die Zahnbürste dient zum Putzen der Griffe.

Tape

Unerläßlich zur Vorbeugung (bei sehr scharfen Griffen und Rissen) und zur schnellen Behandlung von Fingerverletzungen (siehe Kapitel Tapen, S. 102).

Sicherheit

**Sichern = Schutz vor dem Absturz
Sichern = Verantwortung übernehmen für das Leben eines anderen!**

Trotz zahlreicher Unfälle unterschätzen viele die Ernsthaftigkeit dieser verantwortungsvollen Aufgabe. Der Alpinkletterer verdrängt weitgehend die Möglichkeit eines Sturzes – anders sind unzulängliche Standplätze, von denen nicht einmal abgeseilt werden könnte, nicht erklärbar.

Der „Klettergartler" nimmt die Sache oft noch weniger ernst. Schlampiges Sichern (Anzünden einer Zigarette...) und leichtsinnige Späße (schnelles Ablassen...) führen dann zu einem bösen Erwachen.

Besonders der Anfänger ist gefährdet. Er muß sich auf viele Sachen gleichzeitig konzentrieren. Schnell passiert da eine kleine Unachtsamkeit, die beim Klettern schwerwiegende Folgen haben kann. Selbst der felshungrigste Kletterfreak sollte deshalb einen Grundkurs im Felsklettern absolvieren und mit den grundlegenden Sicherungstechniken vertraut sein.

Klettergurte

Brust- und Sitzgurt
Brust- und Hüftgurt

Anseilen mit Brust- und Sitzgurt bzw. Brust- und Hüftgurt ist die sicherste Anseilart.

Der **Anseilpunkt** befindet sich über dem Körperschwerpunkt (zwischen Bauchnabel und Brustbein).

Brust- und Sitzgurt.

◀ *Kontrollierter Sturz im „No Man's Land", 8/8+, Buoux, Frankreich.*

Vorteile beim Sturz mit Brust- und Sitz- bzw. Hüftgurt:
- Das Nachhintenkippen wird verhindert.
- Der Kletterer kann, auch wenn er bewußtlos ist, nicht mit dem Kopf nach unten hängen.
- Man kann nicht aus dem Gurt rutschen.
- Es können kaum Wirbelsäulenverletzungen auftreten.

Nachteile:
- Das Seilgewicht wird von den Schultern getragen – schnellere Ermüdung im Schulterbereich.
- Einschränkung der Atmung.
- Einschränkung der Bewegungsfreiheit.

Hüftgurt

Obwohl ein Großteil der Kletterer ausschließlich mit dem Hüftgurt klettert, darf man die damit verbundenen Gefahren nicht übersehen. Der Anseilpunkt befindet sich in Bauchnabelhöhe, also etwa in Höhe des Körperschwerpunktes.

Gefahren des Hüftgurtes:
- Bei Bewußtlosigkeit kippt der Oberkörper nach unten.
- Durch den tiefen Anseilpunkt kann es zu Verletzungen der Wirbelsäule kommen.
- Ein Herausrutschen aus dem Gurt ist möglich.
- Aufgrund des möglichen Schleudereffektes kann es zu Schädelverletzungen kommen.

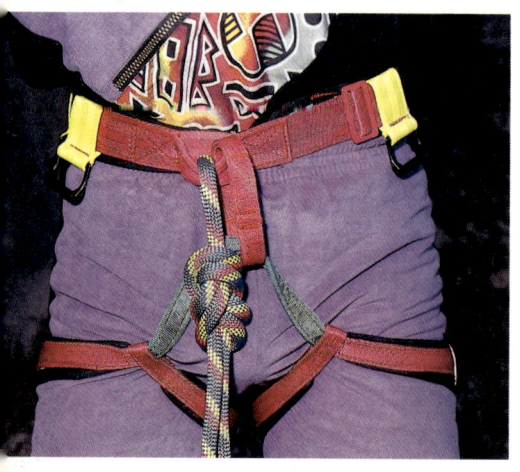

Vorteile:
- Große Bewegungsfreiheit.
- Das Seilgewicht wird von den Hüften getragen.

Wann kann der Hüftgurt verwendet werden:
- In gut abgesicherten Klettergartenrouten (geringe Sturzhöhe).
- Wenn man beim Sturz nirgends anschlägt.

◀ *Anseilen mit Achterknoten.*

„Gut Ding braucht Weil" 8+, Rio de Janeiro. ▶

Der Hüftgurt ist unbedingt zu vermeiden:
- Beim alpinen Klettern.
- In flachem Gelände.
- Bei weiten Stürzen (über 10 m).
- Beim Klettern mit Rucksack.
- Bei Anfängern.

Brustgurt (alleine)

Sicherheitstechnisch nicht vertretbar.

Knoten

Alle angeführten Knoten haben einen spezifischen Anwendungsbereich. Die Beherrschung dieser wichtigsten Knoten ist eine Grundvoraussetzung. Jeder Knoten wird nach dem Knüpfen festgezogen und überprüft. Das Seilende muß ca. 10 cm aus dem Knoten herausstehen, bei Bandschlingen 5 cm.

Achtung! Besonders Bandschlingenknoten lösen sich selbständig – mit Tape abbinden oder vernähen.

Mastwurf

Den Mastwurf kann man verschieben, ohne daß der Knoten gelöst wird. Daher eignet er sich gut für die Selbstsicherung am Standplatz (vgl. → Standplatz Seite 34).

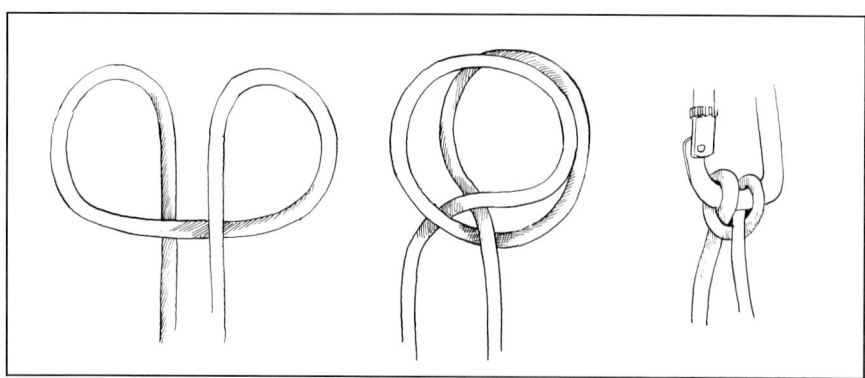

Halbmastwurf

Die Bremsschlinge des Halbmastwurfes dient zur Sicherung des Partners (vgl. →
Partnersicherung Seite 38).

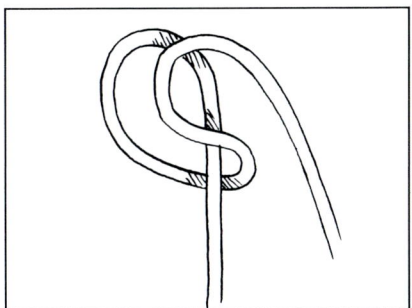
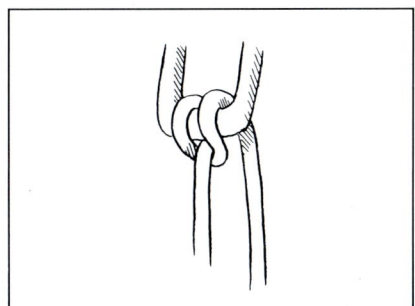

Sackstich

- ● Durch den Sackstich können zwei Seilenden miteinander verbunden werden. Diese **Seilverbindung** empfiehlt sich beim Abseilen. (vgl. → Abseilen Seite 43).
- ● Laut neuesten Untersuchungen ist der Sackstich für **Bandschlingen** besser geeignet als der klassische Bandschlingenknoten. (Die Bruchlast ist beim Sackstich höher!)
- ● Als Anseilknoten sollte der Sackstich nicht verwendet werden. Nach einem schweren Sturz kann der Knoten nicht mehr gelöst werden!

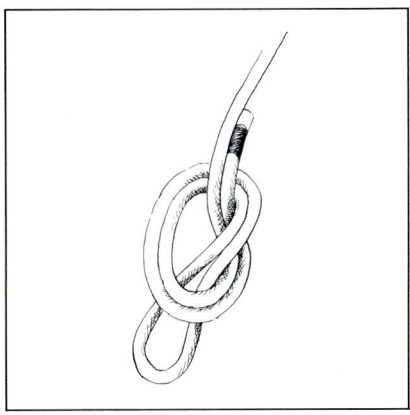
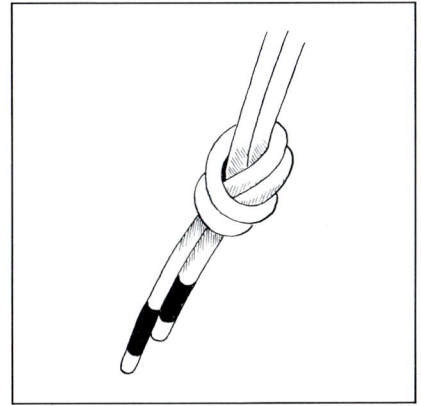

Schleifknoten

Mit einem Schleifknoten kann z. B. die HMS-Sicherung blockiert werden.

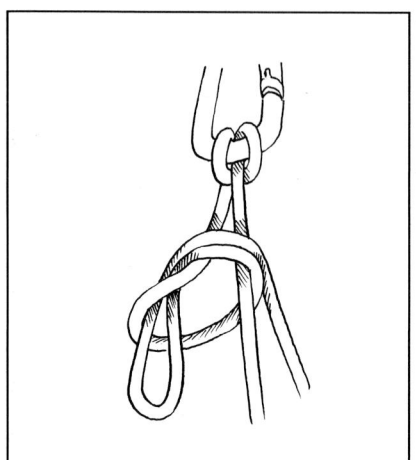 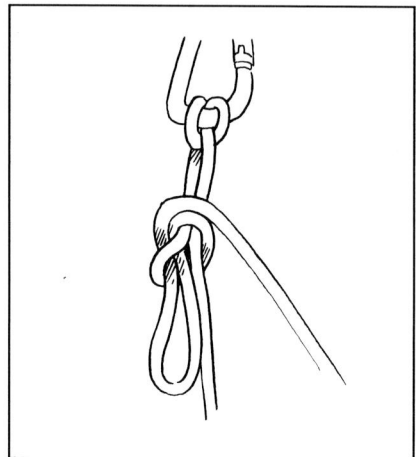

Prusikknoten

Der Prusikknoten wird als Selbstsicherung beim Abseilen, beim „Prusiken" und für die behelfsmäßige Bergung des Partner verwendet.

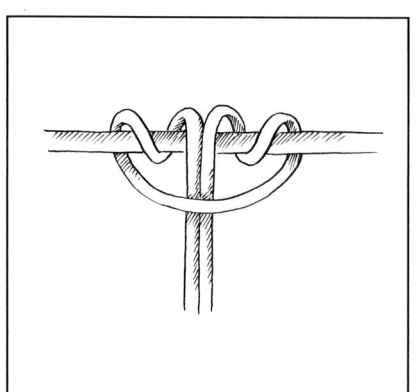 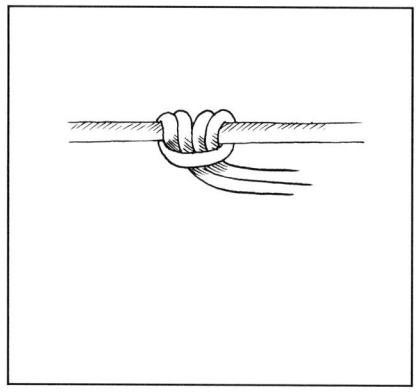

Achterknoten

vgl. → Anseilen Seite 34.

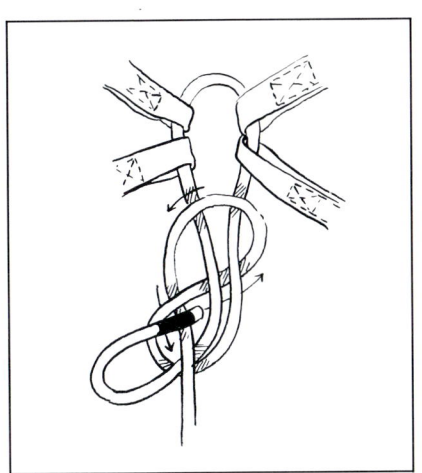 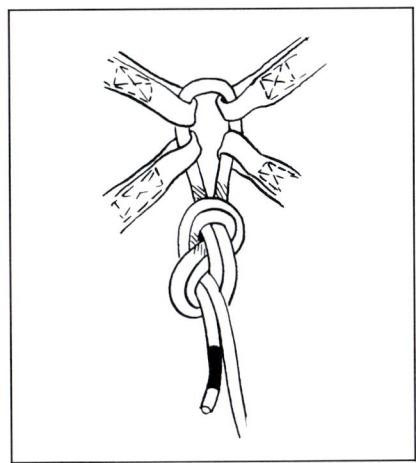

Spierenstich

Mit dem Spierenstich können zwei annähernd gleich dicke Seile miteinander verbunden werden (z. B. Reepschnurschlinge in Klemmkeilen etc.). Als **Abseilknoten**
ist der Spierenstich ungeeignet (erhöhter Zeitaufwand, Seilverklemmen).

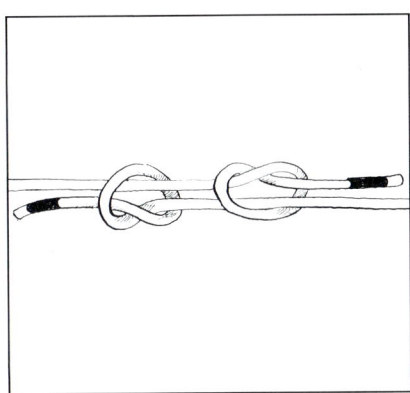 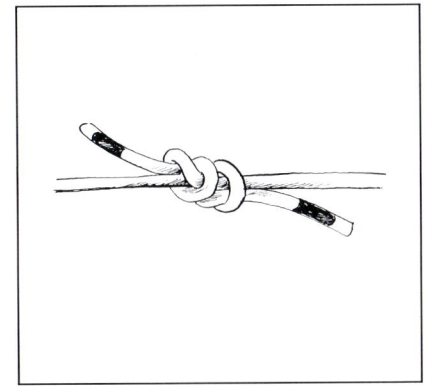

Anseilen

Als sicherer und sinnvoller Anseilknoten kann nur der Achterknoten empfohlen werden. Vor dem Einsteigen kontrolliert der Kletterer laut die 4 x 2 Windungen. Dieses leicht erlernbare Ritual schützt vor Fehlern, die gerade bei Nervosität und Anspannung auftreten. Partnerhilfe: Der Sichernde soll den Anseilknoten des Vorsteigers nachprüfen.

Nachteile anderer Knoten:
● Der Bulinknoten kann sich selbständig lösen, wenn er nicht belastet wird.
● Der Sackstich läßt sich nach einem Sturz schwer öffnen.

Standplatz

Der Standplatz ist eine absolut sichere Basis zur Selbst- und Partnersicherung.

● Viele Standplätze, vor allem im Gebirge, kommen dieser Forderung nicht nach.
● Mit Klemmkeilen, Haken oder Schlingen müssen unzulängliche Standplätze verbessert werden.
● Der Standplatz muß jeder Belastungsrichtung (nach unten, nach oben und zur Seite) standhalten! Besonders bei Standplätzen an Klemmkeilen muß diese Forderung beachtet werden.

Ausgleichsverankerung (Kräftedreieck).
Mit einer Seil- oder Bandschlinge (Bruchlast mindestens 2000 kp) werden die Fixpunkte miteinander verbunden. Dadurch werden die auftretenden Belastungskräfte gleichmäßig auf die Fixpunkte verteilt.

Achtung! Je kleiner der Winkel zwischen den Schenkeln der Ausgleichsverankerung, desto besser werden die Kräfte verteilt.
● Ideal ist ein Winkel zwischen 0 und 60 Grad.

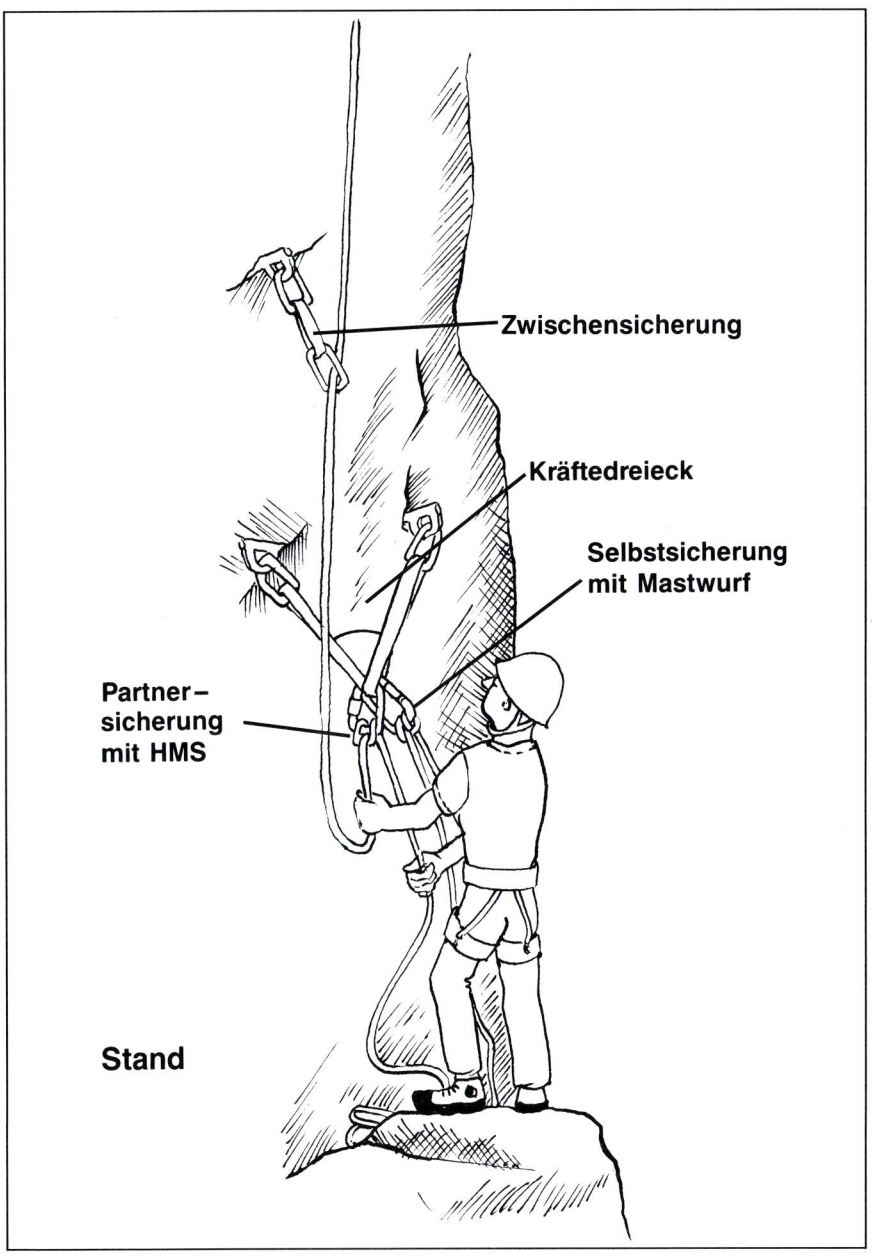

Zwischensicherung

Kräftedreieck

Selbstsicherung mit Mastwurf

Partner–sicherung mit HMS

Stand

- Der Winkel darf 120 Grad nicht überschreiten. Andernfalls ist die Belastung größer als auf einen einzelnen Fixpunkt.
- Eine Absicherung der Verankerung nach unten ermöglicht exaktere Seilbedienung und verringert die Sturzhöhe.

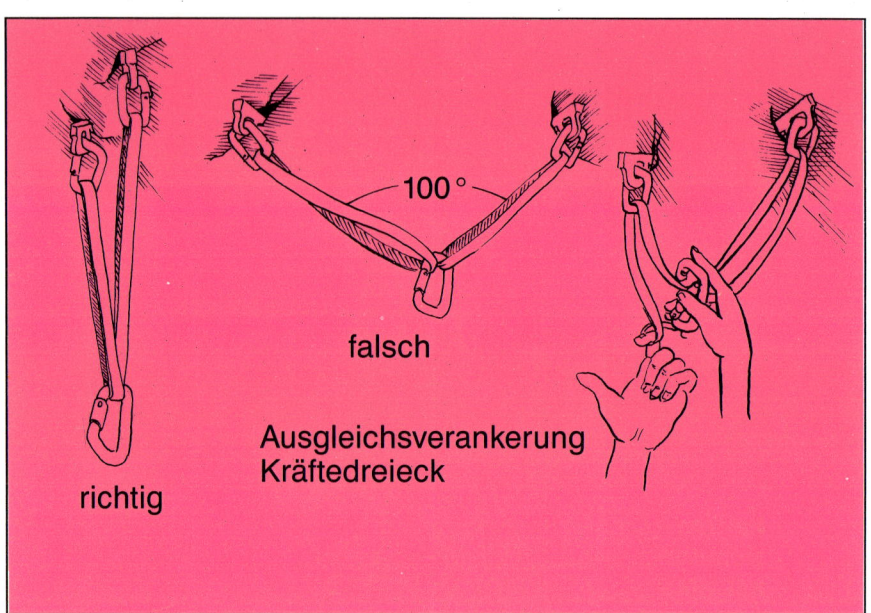

100°

falsch

Ausgleichsverankerung
Kräftedreieck

richtig

Standplatz ohne Selbstsicherung.
Im Klettergarten erfolgt die Sicherung oft über den Hüftgurt des Sichernden. Diese Methode ist bequem und ermöglicht exakte Seilbedienung.
- **Gefahren:** Der Sichernde kann bei einem weiten Sturz des Vorsteigers emporgeschleudert werden oder wegpendeln (besonders bei großem Gewichtsunterschied von Vorsteiger und Sicherndem).
- **Tip:** Untersuchungen haben ergeben, daß die Sicherung über eine Verankerung sinnvoller ist als jene über den Körper. Die auftretenden Belastungen auf Kletterer, Sicherungskette und Standplatz werden niedriger gehalten als bei der Körpersicherung.
  Im Gebirge sollte nie, auch nicht im leichten Gelände, ohne Standplatz gesichert werden. Selbst im Fall eines Sturzes des Nachsteigers können durch die Bewegungsunfähigkeit des Sichernden ernsthafte Probleme entstehen.

„Opfer des Fortschritts", Schüsselkar, Wetterstein.

Abspringen vom Standplatz

In extrem gefährlichen Routen kann es notwendig sein, daß der Sichernde während des Sturzes des Vorsteigers einige Meter vom Stand herunterspringen muß, um dadurch die Sturzhöhe zu verringern – eine undankbare Arbeit, die nur von Erfahrenen übernommen werden sollte.

Selbstsicherung

Das Seil wird mit einem Mastwurf in den besten Fixpunkt gehängt. Der Abstand vom Anseilknoten zum Selbstsicherungsknoten muß so kurz gehalten sein, daß der Sichernde auch unter Belastung einen Fixpunkt erreichen kann.

Partnersicherung

Die Sicherung des Partners ist eine verantwortungsvolle und ernstzunehmende Aufgabe. Leider kommt es gerade in Klettergärten immer wieder zu schweren Unfällen, die auf Unachtsamkeit oder Unerfahrenheit des Sichernden zurückzuführen sind.

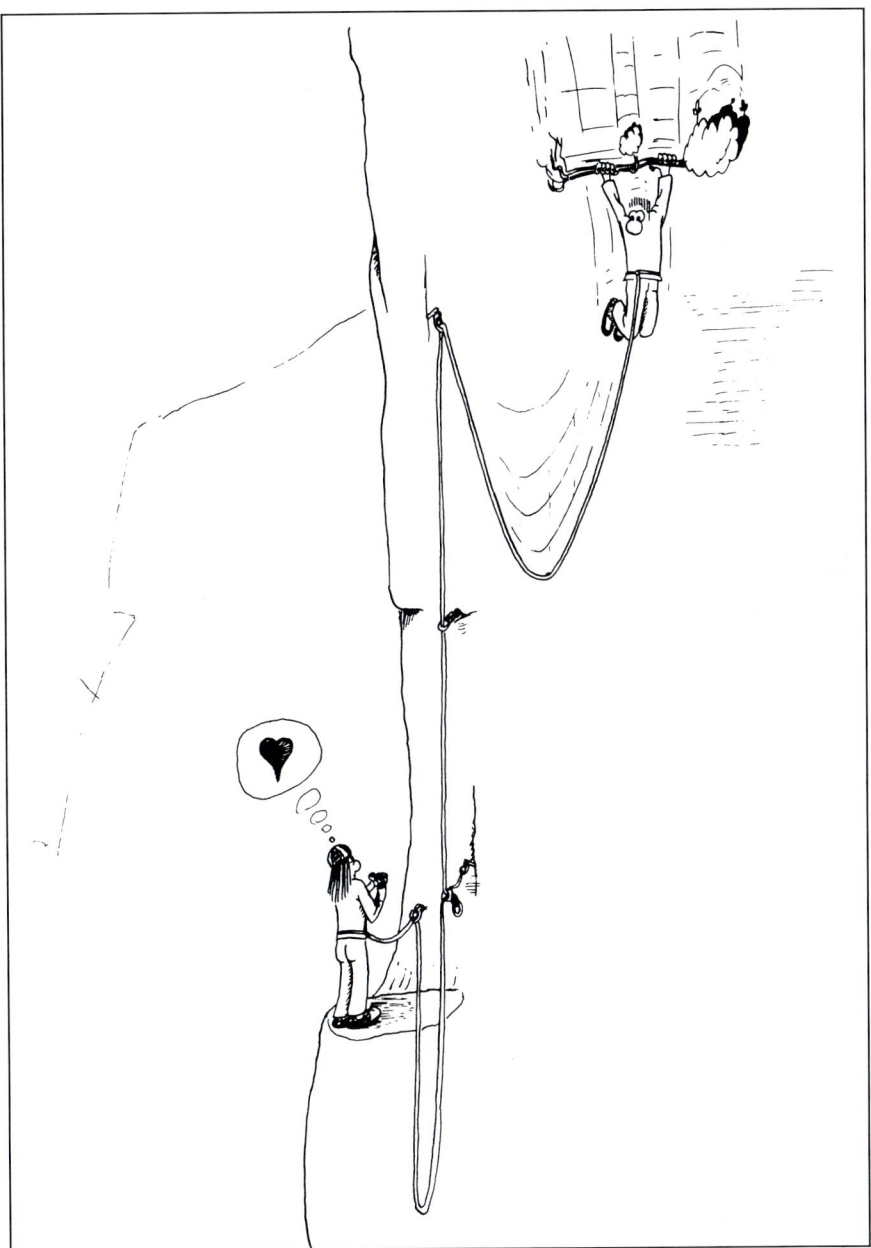

Sicherungsmethode:

Als sicherste Methode gilt die Halbmastwurfsicherung (HMS). Die HMS erfordert wenig Erfahrung und Konzentration. Die Belastung der Sicherungskette wird durch die dynamische Bremswirkung des HMS niedrig gehalten.,
- Die Partnersicherung darf nur an einem absolut sicheren Standplatz erfolgen.
- Der Halbmastwurfkarabiner soll frei beweglich an einer Schlinge hängen.
- Gesichert wird stets über die Fixpunkte, nicht über den Körper. (vgl. → Standplatz ohne Selbstsicherung Seite 36; vgl. → Selbstsicherung Seite 38)
- Die Sicherung mittels Abseilachter ermöglicht einfachere Seilbedingung, erfordert aber sehr viel Erfahrung und Aufmerksamkeit.

Aufgaben des Sichernden

- Den Anseilknoten des Vorsteigers kontrollieren.
- Den Kletternden ständig beobachten (das vermittelt das Gefühl, in guten Händen zu sein).
- Exakte Seilbedienung – d. h. unaufgefordert Seil ausgeben, wenn der Vorsteiger eine Sicherung einhängt, Einziehen des zuviel ausgegebenen Seils.
- Mitdenken und vorausschauend handeln.
- Den Kletternden beruhigen oder anfeuern.

Top-Rope-Sicherung

Der Kletterer ist über eine Umlenkung gesichert. Der mit HMS sichernde Partner steht am Boden und hat keine Selbstsicherung. (vgl. → Standplatz ohne Selbstsicherung Seite 36)
Achtung! Für die Seilumlenkung dürfen nur Schraubkarabiner bzw. zwei gegenläufig eingehängte Karabiner verwendet werden. Nie eine Bandschlinge oder Reepschnur verwenden! Durch die Seilreibung brennt die Schlinge durch und reißt.

Zwischensicherungen

Zwischensicherungen vermindern die Sturzhöhe des Kletternden.

Je nach Klettergebiet sind die notwendigen Sicherungspunkte schon vorhanden (z. B. Haken und Bohrhaken im Kalk) oder müssen während des Kletterns selbst angebracht werden (z. B. Klemmkeile im Granit). Die Anzahl der benötigten Zwischensicherungen hängt von der Psyche und Erfahrung des Kletterers ab.

Achtung! Die Zwischensicherung wird im Fall eines Sturzes doppelt so hoch belastet wie die Fixpunkte am Standplatz! Deshalb sollte auch sie eine absolut sichere Basis darstellen.

Einhängen bzw. Anbringen von Zwischensicherungen

● Grundsätzlich sollten in jeder Seillänge mindestens 2 bis 3 Zwischensicherungen angebracht werden.
● Die erste Zwischensicherung soll unmittelbar nach dem Stand sein, um einen Sturz in diesen zu verhindern.
● Je weniger der Kletterer der Route gewachsen ist, desto mehr Zwischensicherungen wird er anbringen müssen.
● Das Anbringen von Zwischensicherungen kostet Kraft und hemmt den Bewegungsfluß.
(vgl. → Taktik, Seite 107 ff., → Klemmkeile, Seite 52 ff., → Haken, Seite 49 ff.)

Doppelseiltechnik im Gebirge. „Köchler Knapp" 7–, Schüsselkar, Wetterstein.

Seilführung

Um den Seilzug möglichst niedrig zu halten, werden Fixpunkte mit Expreßschlingen bzw. Bandschlingen verländert.

Achtung!
- Bei einzeln eingehängten Karabinern kann sich das Seil selbst aushängen.
- Das Seil sollte über keine scharfen Kanten laufen.
- Bei ungünstiger Verteilung der Sicherungspunkte bzw. im Gebirge empfiehlt sich die Verwendung eines Doppelseiles.

Abseilen

Durch Konzentrationsmangel und Geringschätzung der möglichen Gefahren, kommt es beim Abseilen immer wieder zu tödlichen Unfällen.
- Das Abseilen sollte ebenso wie die Partnersicherung in streßfreien Situationen geübt und automatisiert werden.
- Im Ernstfall (z. B. Rückzug im Wettersturz) hat man genügend andere Sachen im Kopf.

Einrichten der Abseilstelle

- Der Kletterer sichert sich mit einer Bandschlinge an einem Fixpunkt.
- Die Fixpunkte bzw. das Schlingenmaterial werden genau überprüft.
- Die Abseilverankerung muß 100% Sicherheit bieten und notfalls mit Haken bzw. Klemmkeilen verbessert werden. Hier zu sparen kann einem das Leben kosten!
- Durch eine Ausgleichsverankerung (vgl. → Ausgleichsverankerung, Seite 36) werden die Fixpunkte gleichmäßig belastet.
- Nie an einem einzigen Normalhaken abseilen!
- Die Abseilverankerung so wählen, daß das Seil nicht stark geknickt wird (Reibung!).

Abseiltechnik

- Ein Seil wird halbiert bzw. zwei Seile werden mit Sackstick miteinander verbunden.
  Tip: Der Sackstick eignet sich besser als der vielfach verwendete Spierenstich. Durch die freie Gleitfläche bleibt der Knoten nicht so leicht stecken. Außerdem kann er schneller gelöst und geknüpft werden.

Richtige Abseilhaltung.   *Selbstsicherung durch Prusikschlinge.*

- Als Absturzsicherung knotet man in jedes freie Seilende einen Sackstich.
- Das Seil wird in Schlingen (von den Enden beginnend) aufgenommen und weit hinausgeworfen. Andere Kletterer werden durch das Kommando „Achtung, Seil" darauf aufmerksam gemacht (Steinschlag!).
- Der Abseilachter wird eingefädelt und in einen Schraubkarabiner an der Hüftgurtschlaufe gehängt.
- Die **Selbstsicherung** erfolgt durch eine lockere Prusikschlinge. Die wird über beide Seilstränge unterhalb des Abseilachters gelegt und an einem Karabiner in der Schenkelschlaufe befestigt.
  Achtung! Die Schlinge muß so kurz sein, daß sie bei Belastung nicht in den Abseilachter gezogen wird.
- Beim **Abseilen** ist der Oberkörper aufrecht, die Beine sind leicht gegrätscht. Die Führungshand hält über dem Abseilachter das Gleichgewicht. Die Bremshand ist unter der Abseilbremse und schiebt die Prusikschlinge mit.
- Das **Abseiltempo** ist langsam und gleichmäßig, um die Belastung auf die Verankerung niedrig zu halten.
- Hat ein Kletterer abgeseilt, fixiert er sich an der nächsten Abseilstelle und prüft, ob sich das Seil gut abziehen läßt.
- Beide Seilstränge werden durch einen Karabiner an der nächsten Abseilstelle befestigt.
- Im Notfall kann auch mit dem Halbmastwurf (Seilkrangel!) abgeseilt werden. Andere Techniken (Dülfersitz, Karabinerbremse) sind veraltet.

Seilkommandos

● Seilkommandos dienen der Verständigung der Kletterpartner untereinander.
● Das Kommando muß kurz sein und eine eindeutige Handlung bewirken.
● Mißverständnisse können fatale Folgen haben.
● Gerade neue Kletterpartner sollten sich lieber doppelt kontrollieren.
● Bei einer eingespielten Seilschaft genügt das Kommando „Stand", um alle weiteren Handlungen folgerichtig ablaufen zu lassen.
● **Stumme Kommandos:** Falls sich die Partner nicht untereinander verständigen können (Gewitter, Sturm, Felsvorsprünge), müssen sie schon vor der Route stumme Kommandos vereinbaren. (z. B. Vorsteiger zieht drei Mal ruckartig am Seil = Stand)

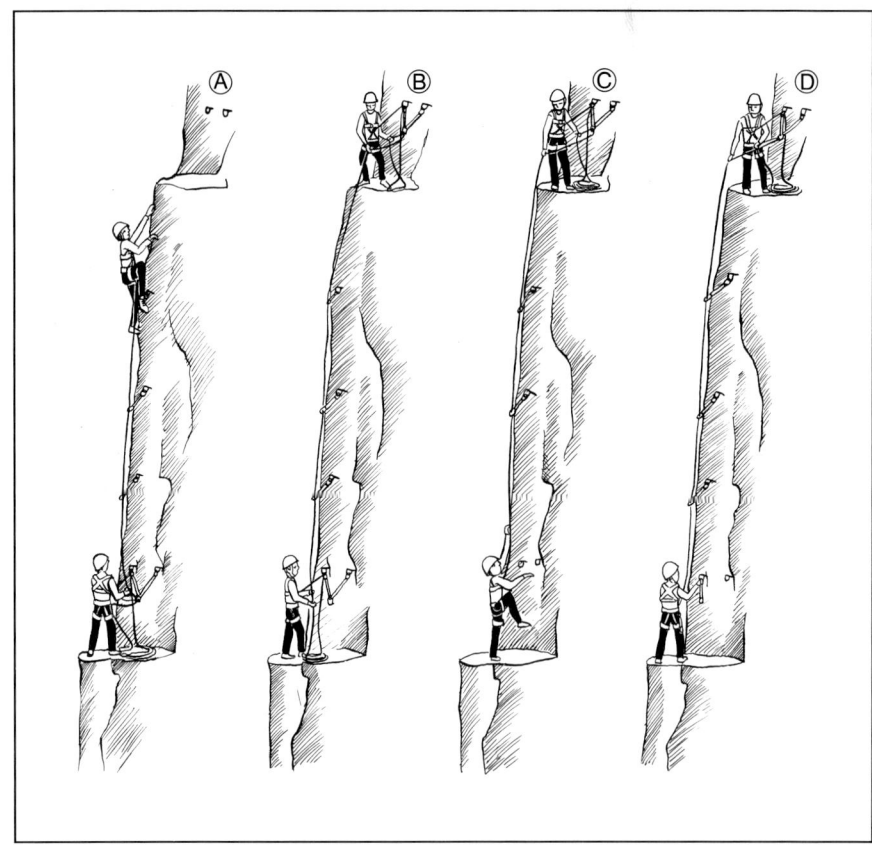

	Seilkommando		
	Vorsteiger (V)	Sichernder (S)	Handlung
A		„5 Meter"	V weiß, daß er Stand machen muß
B	„Stand"		V hat Stand eingerichtet und sich selbst gesichert. S hängt die Partnersicherung aus.
B		„Seil ein"	V kann das restliche Seil einziehen
B		„Seil aus"	V nimmt das Seil in die Partnersicherung
C	„Nachkommen"		S entfernt die Selbstsicherung
D		„Komme"	V sichert und S klettert nach

Seilkommando „Ablassen"

Durch Fehlinterpretationen dieses Kommandos kommt es immer wieder zu furchtbaren Unfällen!
Der Kletternde hat eine Umlenkung bzw. den Stand erreicht. Er hat das Seil in den Karabiner eingehängt. Der Sichernde kann das Seil straffen und den Partner langsam herunterlassen.

Achtung!

● Nie über eine Bandschlinge oder Reepschnur ablassen! Durch die Seilreibung brennt die Schlinge durch und reißt.
● Erst ins Seil setzen und dieses loslassen, wenn man deutlich das gestraffte Seil spürt!
● Der Sichernde muß unbedingt kontrollieren, ob genügend Seil zum Ablassen vorhanden ist.
  Tip: Ein Knoten am Seilende verhindert das Durchschlüpfen des Seils durch die Sicherung und somit den Absturz des Kletterers.

Anwendung von Sicherungsmitteln

Neben den natürlichen Sicherungspunkten (Baum, Sanduhr, Felskopf) dienen künstliche Sicherungsmittel (Haken, Bohrhaken, Klemmkeile) zum Aufbau der Sicherungskette. Der Umgang und die Einsatzmöglichkeiten der verschiedenen Sicherungsmittel sollte am Boden spielerisch erlernt werden. Hier kann man der Phantasie und seiner Improvisationsfähigkeit freien Lauf lassen – ein Versagen bleibt ja ohne Folgen! Durch vorsichtiges Belasten der selbstangebrachten Sicherungspunkte steigt auch das Vertrauen in diese. Die erfolgreiche Durchsteigung einer Route kann entscheidend von der Beherrschung dieser Technik abhängen.

Normalhaken

Im Gebirge gehören Hammer und Haken zur Grundausrüstung (Standplatz, Abseilverankerung).

- Jeder Haken, der nicht selbst geschlagen wurde, ist ein Unsicherheitsfaktor!
- Viele alte Haken sind angerostet oder haben sich gelockert!

Schlagen von Haken

- Je nach Gestein werden Hartstahl- (Granit) oder Weichstahlhaken (Kalk) verwendet.
- Der Haken wird bis zur Öse in den Fels geschlagen. Vorstehende Haken werden mit einer Bandschlinge abgebunden.
- Der Haken ist gut, wenn der Ton beim Schlagen höher wird (der Haken „singt").

Bohrhaken

Bohrhaken sind „in".

◀ *Viel Erfahrung im Legen von Klemmkeilen erfordert die Route „Märchenprinz", 8, Speckkarspitze, Karwendel.*

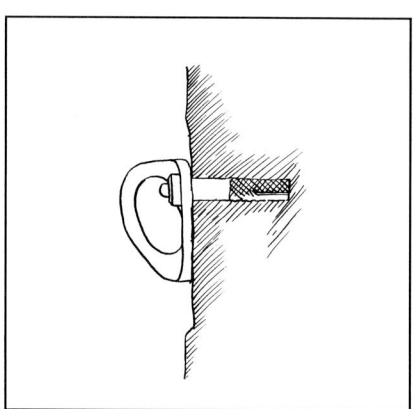

Gut sitzender, schlechter und abgebundener Normalhaken.

Optimal gesetzter Bohrhaken.

Erfreulicher Weise geht der Trend beim Klettern weg von grimmigen Abenteuern auf Leben und Tod. Der geklebte Sicherheitsring (Foto unten) am Standplatz ist als positive Weiterentwicklung zu werten. Wer will, kann seine psychische Stärke zwischen den Standplätzen zeigen!

Wird eine Route von oben eingebohrt, sollte der Bohrhaken für jeden Kletterer gut einzuhängen sein. Die Zahl der notwendigen Bohrhaken sollte sich hier nicht nach dem subjektiven Empfinden des Einbohrers, sondern grundsätzlich danach richten, jeden Sturz ohne Verletzungen überstehen zu können.

● Die Festigkeit eines Bohrhakens kann kaum überprüft werden.

● Schlechte Bohrhaken erkennt man am Rost, an lockeren Schrauben, an herausstehenden Dübeln oder an Dübeln, die nicht im 90° Winkel zur Felsebene gesetzt wurden.

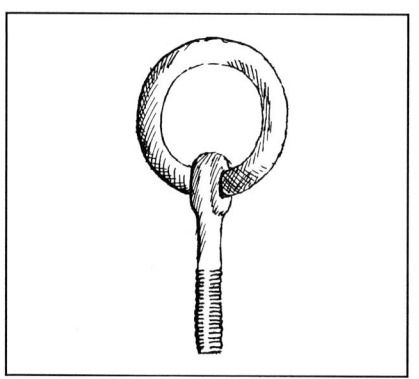

◀ Sicherheitsring

Zuviel kann auch schaden! ▶

50

Schlagen von Bohrhaken

● Der Fels wird durch Abklopfen auf seine Festigkeit überprüft.
● Unebenheiten werden mit dem Hammer beseitigt.
● Das gebohrte Loch wird gut ausgeblasen.
● Die Öse muß an der Wand anliegen.

Klemmkeile

Je nach Klettergebiet haben die Klemmkeile mehr oder weniger Bedeutung für den Aufbau der Sicherungskette. In England, einigen Gebieten der USA, Australien und grundsätzlich im Gebirge sind sie unbedingt erforderlich.
Aus dem vielfältigen Angebot an Klemmkeiltypen haben sich in der Praxis nur drei Modelle bewährt: Friends, Rocks und Messingkeile (RP's).

Vorteile
● Klemmkeile können schnell (mit einer Hand) gelegt und entfernt werden.
● Klemmkeile sind vielseitig einsetzbar (Risse, Wasserrillen, Löcher).
● Der Kletterer kann die Haltekraft eines Klemmkeiles besser beurteilen als die eines vorgefundenen Hakens.

Friends

Aufgrund der variablen Größe paßt sich dieses Klemmgerät optimal der Rißweite an und hält sogar in parallelen und nach außen offenen Rissen.

Legen von Friends
● Alle vier Segmente sollen an kompakten, möglichst rauhen Rißwänden liegen.
● Der Öffnungswinkel der Segmente muß kleiner als 120 Grad sein.
● Der Friend wird so gelegt, daß der Steg in die Belastungsrichtung zeigt.

Gut gelegter Friend.

Entfernen eines tiefsitzenden Friends mittels Kabelschlingen.

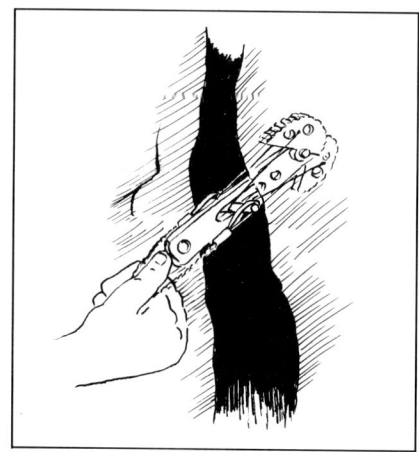

● Steht der Steg horizontal aus Löchern oder Querrissen, wird er mit einer Band-schlinge abgebunden.
● Friends, die in Minimalstellung in den Riß gestopft werden und solche, die an der Rückenwand anstehen, können schwer entfernt werden.
● Mit Schlinge verlängern

Tip zum Entfernen:
Kann die Spannvorrichtung mit den Fingern nicht mehr betätigt werden, legt man die Drahtkabel zweier Klemmekeile jeweils um den Fingersteg und drückt mit der anderen Hand den Steg nach innen.

Achtung!
● Friends täuschen eher Sicherheit vor als Klemmkeile
● Durch die Seilbewegung kann ein Friend tief in den Riß wandern.

Rocks und Messingkeile (RP's, HB's)

Rocks sind vielseitig einsetzbar und bieten trotz des geringen Gewichtes die Sicher-heit eines guten Normalhakens.
RP's können in Haarrisse und Hakennarben gelegt werden. Ihre Bruchlast hängt von der Stärke des Drahtkabels ab.

Klemmkeile lassen sich vielseitig einsetzen.

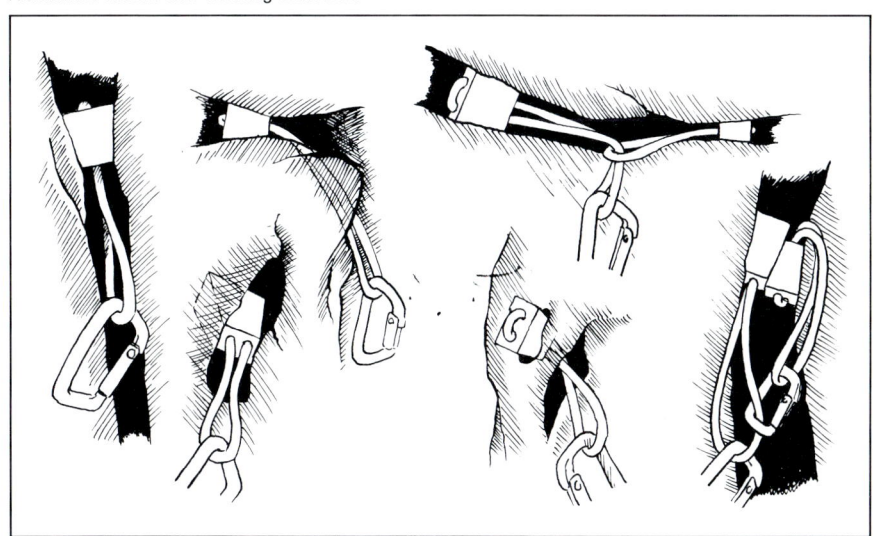

Gut Ding braucht Weil!

Legen von Klemmkeilen

- Der Fels in der Umgebung des Keiles muß fest sein.
- Der Keil soll mit möglichst großer Fläche aufliegen.
- Eine Verengung im Riß verhindert das Durchrutschen des Keiles.
- Nach dem Legen wird am Keil ruckartig gerissen. Dadurch wird seine Festigkeit überprüft und er fällt durch Seilbewegung nicht aus dem Riß (bei Stahlkabel unbedingt Verlängerungsschlinge zwischenschalten).
- Liegt der Keil schlecht, wird er mit einem Karabiner oder dem Hammer festgeklopft (Notlösung).
- Bei Belastung muß der Keil in die Richtung gezogen werden, in welcher er am besten klemmt.

Entfernen von Klemmkeilen

Gut gelegte Keile lassen sich leicht entfernen. Festgezogene Keile werden mit dem Klemmkeilentferner bzw. einem Schraubenzieher durch einen kurzen Stoß auf den Keil gelockert.

Taktische Tips

Übung macht den Meister!

Das Legen von Klemmkeilen erfordert viel Übung und Erfahrung, sowie ein geschultes Auge, um die gegebenen Möglichkeiten zu erkennen und voll auszunützen.

Ordnung ist das halbe Leben!

- Vor jeder Seillänge werden die voraussichtlich benötigten Klemmkeile der Größe nach geordnet, sodaß der passende Keil ohne Hinschauen vom Gurt genommen werden kann.
- Sind die Keilgrößen ungewiß, werden ähnlich große Klemmkeile auf einen Karabiner gehängt, um Gewicht und Karabiner zu sparen.
- Um den Kraftaufwand für das Legen minimal zu halten, sollten lieber wenige, dafür gute Keile gelegt werden.
- Der Keil darf keine Klemmstelle verlegen.

Die Route „Leben im Sonnenschein", 9+, Schüsselkar, Wetterstein, wurde im Vorstieg unter Zuhilfenahme von Skyhooks eingebohrt.

Skyhook

In psychisch anspruchsvollen Routen bzw. bei Erstbegehungen empfiehlt sich die Mitnahme eines „Himmelhakens". Das nervenbelastende Hineinsetzen in einen Skyhook sollte vorher geübt werden.

Legen von Skyhooks

- Jegliche Hebelwirkung muß ebenso vermieden werden wie ruckartige Belastungen und Belastungen nach außen.
- Wird ein Skyhook als Zwischensicherung verwendet, muß die Bandschlinge mit einem Klebeband am Fels fixiert werden.

Viel Spaß!

Gelegter Skyhook.

Bei Erstbegehungen im schwierigsten Gelände sind Skyhooks unerläßlich.

Sportklettern im Gebirge

Sportklettern im Gebirge erfordert viel Erfahrung, die mit einer langsamen Steigerung der Anforderungen wachsen soll.

Verglichen mit der Leistungsexplosion in den Klettergärten hinken die klettertechnischen Schwierigkeiten im Gebirge immer Jahre hinterher. Der Grund dafür ist nicht das ausschließliche Interesse von Spitzenkletterern an kurzen, extrem harten Sportkletterrouten im Klettergarten. Im Gebirge kommen zu rein klettertechnischen Schwierigkeiten eine Reihe von Faktoren, die leistungshemmend wirken:

Langer Zu- und Abstieg: Der passionierte Sportkletterfreak ist eventuell schon am Einstieg ausgelaugt.
Sicherheit: Der Kletterer muß absolut über der Schwierigkeit stehen und somit ein bis zwei Grade unter seinem Leistungsniveau klettern.
Brüchiger Fels: Das Ausbrechen von Griffen oder Tritten hat unkontrollierbare Stürze zur Folge, die von jedem Kletterer möglichst vermieden werden sollten. Die Angst davor hemmt den Bewegungsfluß und die Phantasie.
Zeitdruck: Bedingt durch die Länge der Route kann den einzelnen Seillängen nicht unbegrenzt Zeit gewidmet werden. Ein Ausbouldern der schwierigen Stellen ist deshalb nicht möglich. Die Zeit am Standplatz reicht nicht aus für eine vollständige Erholung. Unbequeme Schlingenstände und widrige Wetterumstände tun das ihrige.

Empfehlungen für das Klettern im Gebirge

● Ausreichende Grundkondition (Geländelauf, Skilanglauf) ist Voraussetzung.
● Absolute Beherrschung der sicherungstechnischen Maßnahmen (u. a. auch der behelfsmäßigen Bergung) muß gewährleistet sein.
● Die gewählte Route sollte nicht zu lang sein, festen Fels und gute Sicherungspunkte haben (Wetterstein, Kaiser).
● Die Schwierigkeit sollte einen Grad unter dem On-Sight-Niveau liegen.
● Der Partner muß absolut zuverlässig sein.

◄ *„Pfeilerkante", 7–, Rotspitze, Rofan.*

- Bei der Planung der Route müssen folgende Informationen eingeholt werden: Zustand der Route, Zu- und Abstieg, Wetterprognose.
- Führer und Kartenmaterial helfen bei der Orientierung (Nebel, ungeplanter Abstieg...)

Ausrüstung

- Helm (Steinschlag, weite Stürze).
- Brust- und Hüftgurt (unkontrollierbare Stürze).
- Doppelseil (Abseilen, Rückzug, Seilführung).
- Hammer und gut sortiertes Haken- und Klemmkeilsortiment (Verbesserung des Standplatzes, Abseilverankerung, Zwischensicherung).
- 3 bis 5 Bandschlingen bzw. Seilreste (Abseilverankerung, Ausgleichsverankerung, Zwischensicherung).
- 2 Prusikschlingen, ca. 4 bis 5 m (Aufprusiken, behelfsmäßige Bergung).

Bekleidung

Die Bekleidung richtet sich nach der Jahreszeit, der zu erwartenden Temperatur und der Länge der Route (Biwak).
- leichte, strapazierfähige Kletterhose und Pullover aus schnelltrocknendem Material (Terinda).
- Mikropor Anorak.
- Dünne, wasserabstoßende Überhose.
- Reserveunterhemd (am Einstieg wechseln).
- Mütze, Walkhandschuhe.

Schuhe

- Die über den Knöchel reichenden Reibungskletterschuhe sollten nicht so eng sein wie im Klettergarten.
- Für den Zu- und Abstieg können nur leichte Trekkingschuhe empfohlen werden (Schneerinne, Lawinenkegel, steile Grashänge, Geröll).

Zusatzausrüstung

- Skistöcke (Zu- und Abstieg – knieschonend!).
- Biwaksack.
- „Erste-Hilfe-Apotheke" (zumindest Tape, Dreieckstuch und zwei Mullbinden).
- Führer und Karte.
- evtl. Sonnenbrille.

Sportklettern im Gebirge erfordet das Tragen eines Helms. „Spitzenstätter Führe", 6+, Kalkkögel. ▶

Klettertechniken

Wandklettern

Die angenehmste Art sich im Fels fortzubewegen, ist für die meisten Kletterer die Wandkletterei. Gründe dafür mögen die einfachen und häufig anzutreffenden Bewegungsabläufe im Griff-Tritt-Schema sein, die das Gefühl vermitteln, sich in gewohnter Art fortzubewegen; fixierte Sicherungspunkte verstärken diesen Eindruck noch. Ein richtiges Erlernen dieser Klettertechnik erscheint umso wichtiger wenn man bedenkt, daß die Technik des Wandkletterns sich auf alle anderen Kletterformen übertragen läßt.

Griffe

„Der Kletterer, der die Griffe mit der am wenigsten notwendigen Kraft belastet, ist der beste Kletterer"

◄ *Traumkletterei in der Verdonschlucht, Frankreich.*

Um die Gefahr des Ausbrechens gering zu halten, sollten Griffe nicht nach außen belastet werden.

Das Prinzip des optimalen Formschlusses, also die Anpassung der Finger an gegebene Griffeinheiten, ist stets von Vorteil. Ein vermeintliches Zweifingerloch wird aufgrund seiner Höhe durch Auflegen des Mittelfingers auf Zeige- und Ringfinger zu einem Dreifingerloch.

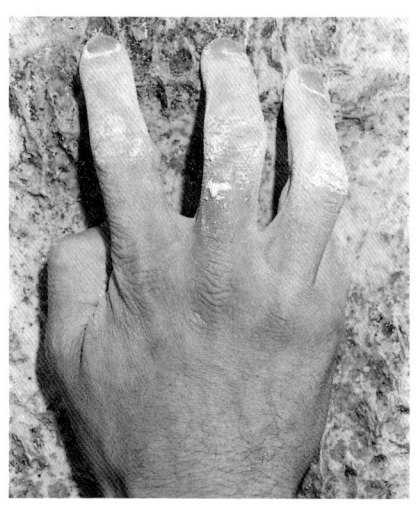

Manchmal kann es leichter sein, einen Griff durch das Ausnützen von Dellen kleiner zu halten.

Griffe ab der Größe des ersten Fingergliedes werden in der Regel flach gehalten.

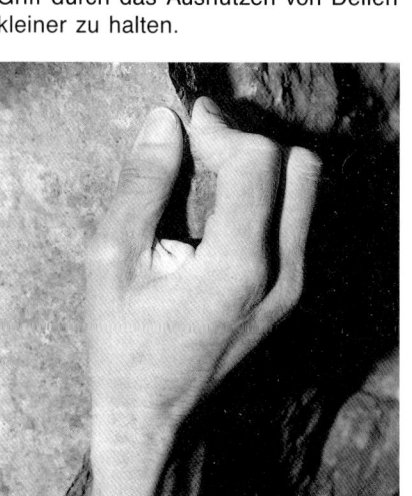

Ein seitliches Belasten des Daumens kann bei vielen Griffen zusätzliche Krafteinwirkung bringen.

Griffe kleiner als das erste Fingerglied sind grundsätzlich mit aufgestellten Fingern zu halten. Das Auflegen des Daumens auf den Zeigefinger entlastet die Finger.

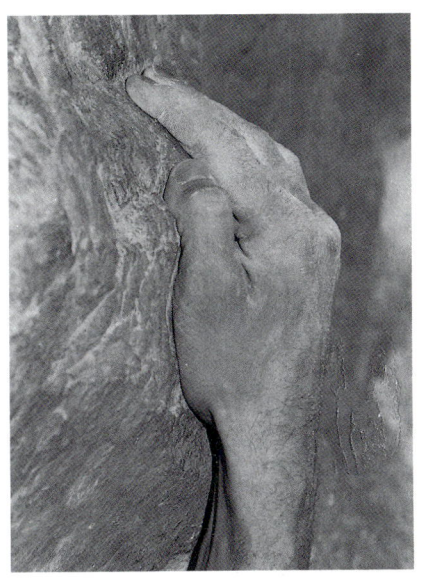

Bei flachen, abschüssigen, großen Griffen, im Kletterjargon als „Aufleger" bezeichnet, versucht man mit der Unterarmmuskulatur einen möglichst starken Druck auf die Fingerspitzen auszuüben.

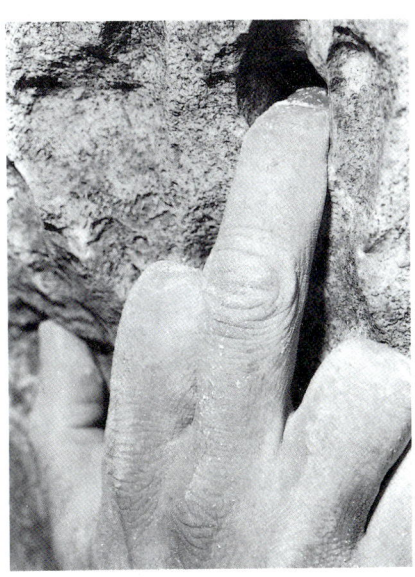

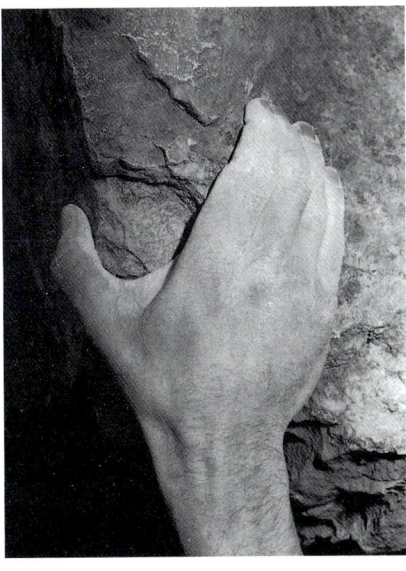

Einfingerlöcher sind am besten mit dem Mittelfinger zu halten.

Senkrechte Felsrippen werden mit der ganzen Hand als Zangengriff genutzt.

65

Tritte

Ein Tritt ist exakt einzunehmen; der Fuß muß ein Gefühl des sicheren Standes verspüren. Ist dies nicht der Fall, so versucht man den Fuß anders zu belasten (bzw. benützt einen anderen Tritt).

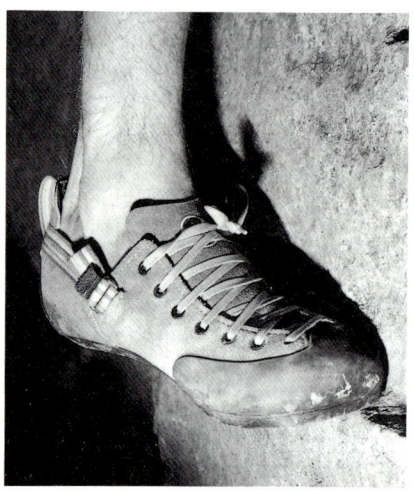 

Einfaches Auftreten mit der Innenkante des Schuhes. Je nach Steilheit der Wand mehr oder weniger parallel zum Fels (Geneigter Fels → Ferse nach außen/Steiler Fels → Fuß parallel zur Wand).

Das Benützen der Außenkante ist häufig bei Verwendung von seitlichen Griffen und in Quergängen erforderlich.

Mit der Spitze wird angetreten, die Ferse dreht sich nach außen, der Tritt ist mit Spitze/Außenkante belastet. Diese Tritt-Technik dient zur Verstärkung des Gleichgewichtes und bringt den Schwerpunkt an die Wand. Wird vor allem im überhängenden, extremen Fels angewandt.

In Löcher steigt man mit der Spitze des Schuhes.

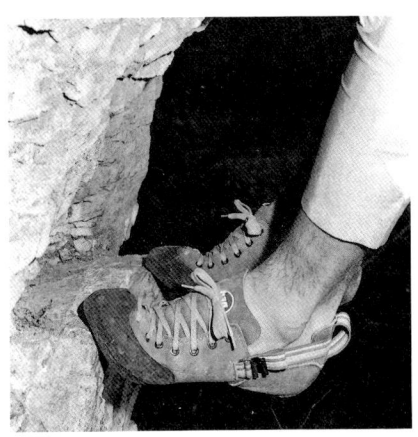

Im steilen Gelände ist darauf zu achten, daß mit den Füßen nicht zu weit in große Felslöcher getreten wird; je weiter außen die Tritte benutzt werden, desto besser ist die Schwerpunktlage des Körpers.

Bei abschüssigen Tritten muß eine möglichst große Trittfläche benutzt werden.

Gegen das sinnvolle Anwenden des Knies gibt es nichts einzuwenden.

67

Grundstellungen

Grundsätzlich steht der Körper möglichst locker und entspannt am Fels.
Das Körpergewicht ruht über der Standfläche, der Schwerpunkt befindet sich also über den Beinen.
Je mehr der Körper durch eine günstige Stellung vom Fels entfernt werden kann, umso weniger ist man in seiner Bewegungsfreiheit eingeschränkt; auch kann die nächste Tritt-Griff-Möglichkeit besser überblickt werden.

Normale Grundstellung: Leicht gespreizte Beine, der Schwerpunkt befindet sich über der Standfläche.

„Solid Gold", 5.10a, Joshua Tree, USA.

„Schwungscheibe", 9, Jenbach.

Froschstellung: Der Unterleib befindet sich am Fels, die Beine sind angewinkelt, die Füße stehen parallel zum Fels. Sie ist die Grundstellung im steilen, extremen Fels.

Extreme Fingerlochkletterei in der Route „Luftschloß", 9, Altmühltal.

Grundsätze des Wandkletterns

Die **Dreipunktregel** besagt, daß während der Fortbewegung von Armen und Beinen sich stets drei Teile am Fels befinden. Sie ist die sicherste Art zu klettern.

Beispiel:
Arme und Beine befinden sich sicher am Fels. Das rechte Bein wird auf einen Tritt in Höhe des anderen Knies bewegt.

Die **Zweipunktregel** beinhaltet eigentlich nur das Hängenlassen eines Beines, also nicht etwa beidarmiges Greifen oder Klimmziehen. Sogar im weniger extremen Gelände ist es oft besser, diese Regel anzuwenden, um dem Grundsatz „Schwerpunkt über der Standfläche" gerecht zu werden.

Beispiel:
Ist nur ein akzeptabler Tritt vorhanden, so ist es günstiger diesen alleine zu verwenden. Das andere Bein wird einfach hängengelassen.

Durch ein Überkreuzen des hängenden Beines entsteht ein stabiles Gleichgewicht und ein optimaler Druck auf das andere Bein. Es wird ein sicheres Weitergreifen ermöglicht.

Geschicktes Hängenlassen eines Beines stabilisiert das Gleichgewicht, Mt. Cornu, Finale.

Kurze Schritte sind der Schlüssel zum eleganten und sicheren Klettern. Ein hohes Ansetzen des Beines verursacht ruckartige, kraftraubende Bewegungen. Die korrekte Anwendung des Schwerpunktes wird dabei unwillkürlich außer Acht gelassen.

Beispiel:
Gerade bei Lochkletttereien, wo ein Trittfassen in der Regel mit der Spitze des Schuhes erfolgt, verursacht ein hoher Tritt eine unnötige Schwerpunktverlagerung nach außen. Der Schwerpunkt befindet sich nicht über der Standfläche.
Ein kurzes Zwischentreten auf ein kleines Loch ist eleganter und weniger anstrengend als ein Ansetzen des Beines oberhalb des Knies.
Natürlich schadet ein kräftiger Zug ab und zu nicht. Doch einmal angewöhnt, wird dieser Fehler nicht mehr bemerkt. Die Summe der Mehranstrengungen in einer Alpenroute oder einer langen Route im Klettergarten kann man sich leicht ausrechnen.

Ein Weitergreifen bzw. ein Weitersteigen sollte erst erfolgen, wenn der Schwerpunkt des Körpers sich über der Standfläche der Beine befindet. Die größtmögliche Belastung der Beine ist somit gewährleistet.

Beispiel:
Das rechte Bein setzt sich in Kniehöhe auf einen Tritt. Das Körpergewicht verlagert sich nun nach rechts auf das höhergestellte Bein. Das linke Bein wird automatisch gestreckt. Das gesamte Gewicht befindet sich auf dem rechten Bein. Ein sicheres Weitergreifen ist möglich.
Überstreckungen sollten vermieden werden, da Bewegungsfreiheit und Übersicht verloren gehen.

◀ *„More Mantle Than Gentle", 9+, Martinswand.*

Einige Bewegungsabläufe

Abstützen in der freien Wand:
Das Ziehen mit einer Hand, das Stützen mit der anderen Hand ist häufig der Schlüssel zu einem eleganten und kraftsparenden Kletterstil.

Quergang:
Überkreuzen eines Beines ermöglicht...   ...ein zügiges Queren.

 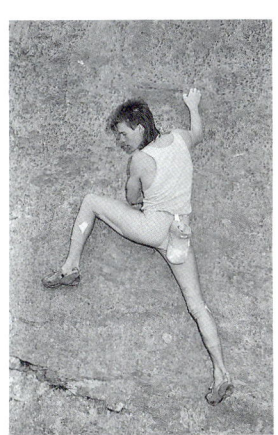 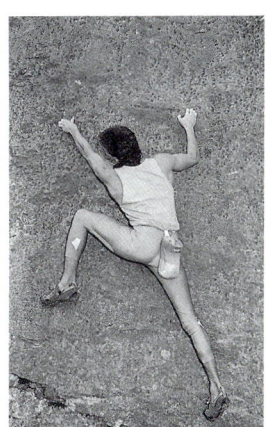

Verwendung von senkrechten Griffen:
Senkrechte Griffe werden durch Verdrehen des Handgelenkes belastet. Ein Bein setzt mit der Außenkante in Kniehöhe an; die seitliche Belastung kann nun ausgenutzt werden.

Klettern im überhängenden Fels:
Korrekte Schwerpunktlage des Körpers (Hinterteil an der Wand).
Antreten mit der Spitze.
Durch das Drehen des Fußes nach außen wird der Körper an die Wand gedrückt.
Um im überhängenden Fels Gewicht auf die Beine bringen zu können, ist besonders viel Bauch- und Rückenmuskulatur notwendig.

Raststellung

Raststellungen sind mit ausgesteckten Armen einzunehmen.
Ein abwechselndes Schütteln der Arme bringt rasche Erholung, da verbrauchtes Blut schneller ersetzt wird.

Der Phantasie sind keine Grenzen gesetzt. „Angular Perspecitve", 9, Grampians, Australien.

Typische Reibungsplatte im Yosemite Valley, USA,

Reibungsklettern

Das Klettern in einer flachen Wand mit schwach ausgeprägten Griffen und Tritten wird als Reibungskletterei bezeichnet. Der Grundsatz „Schwerpunkt über der Standfläche" diktiert den Bewegungsablauf. Ein Zurücksteigen ist kaum möglich, und die Korrektur eines Fehlers beinhaltet eine deutliche Erhöhung des Sturz-risikos. Deshalb ist ein vorausschauendes Klettern, das Erkennen der Bewegungs-abfolge und des nächsten Rastpunktes für diesen Kletterstil von großer Bedeutung.

Grundsatz des Reibungsklettern

Das Gesäß wird möglichst weit von der Wand entfernt, der Körper soll die Vertikale markieren, um maximalen Druck auf die Füße zu bekommen.

Einige Bewegungsabläufe

Durchlauf:
Beide Beine steigen in kleinen Schritten bis nahe an die Hände.
Durchdrücken von Händen und Beinen.
Weitergreifen.

Durchstützen ohne Griffe:
Eine Hand setzt mit dem Ballen auf, die Finger zu den Füßen zeigend.
Beide Beine steigen zu den Händen empor.
Durchdrücken, Weitergreifen.

Dynamisches Aufwärtssteigen:
Eine flache, glatte Reibungsstelle wird mit schnellen Laufbewegungen der Arme und Beine überwunden. Der Schwung nach oben ist hier maßgebend.

Gegendrucktechnik oder Piaztechnik

Die Gegendrucktechnik ist ein kraftvolles Zusammenspiel von Armen und Beinen. Man wendet sie hauptsächlich an scharfen Rißkanten, in Verschneidungswinkeln, Rippen und abstehenden Schuppen an.

Körperhaltung beim Piazen

Mit ausgestreckten Armen an guten Griffigen und abgewinkelten Beinen fast in Höhe der Hände wird der notwendige Gegendruck erzeugt.
Bei jeder möglichen Gelegenheit sollte eine Körperreibung an der Wand angestrebt werden.
Beim Piazen in der Wand werden zur Stabilisierung des Gleichgewichts die Beine links und rechts der Piazschuppe gestellt.
Ein Anwinkeln der Arme zum Weiterlangen vergeudet Kraft.
Ausgestreckte Beine vergrößern die Gefahr des Abrutschens.

Das Weitergreifen

Ein weites Übereinandergreifen der Hände bewirkt ein schnelles und damit kraftsparendes Piazen.
Bei extremen Piazkletterei en ist ein Übergreifen nicht möglich; eine Hand wird nachgerückt.

Das Weitersteigen

Mit dem Weitersteigen verhält es sich wie mit dem Weiterlangen. Übereinandertreten bedeutet zügiges, weniger kraftraubendes Vorwärtskommen. Beim Nachtreten dagegen bleibt der Andruckwinkel der Füße konstanter, die Trittsicherheit erhöht sich.

Besonderheiten beim Piazen

Befinden sich an der anzutretenden Wand Tritte, so ist es besser, diese durch Schwerpunktverlagerung zu belasten. Ein Anziehen der Arme unterstützt dies. Das Körpergewicht ist mehr auf den Beinen, die Fortbewegung ist weniger anstrengend. Weit auseinanderliegende Piazgriffe erfordern ein Anwinkeln der Arme.

Gegendrucktechnik bei Untergriffkletterei:
Die Arme sind angewinkelt und bestrebt den Körper an die Wand zu ziehen. Gün-

stig ist es, wenn ein Bein angewinkelt höher antritt und das andere Bein gestreckt steht.

Ein Verklemmen im Piazriß kann dem Kletterer eine wichtige Erholungspause verschaffen.

Der Wechsel von Piaz- zu Rißkletterei oder umgekehrt ist grundsätzlich mit Schwierigkeiten verbunden.

Anstrengender Piazriß in den Canyonlands, USA.

Überhängende Piazrippe in der Route „Babylon", Lake Tahoe, USA.

Verschneidungsklettern

Die Durchsteigung einer Verschneidung erfolgt durch Anwendung der Wand-, Riß-
oder Piaztechnik. Eine besondere Technik für das Verschneidungsklettern gibt es
nicht.
Ein weites Ausspreizen der Verschneidungswinkel ist anzustreben. Das Körpergewicht verlagert sich auf die Beine, der Bewegungsspielraum nimmt zu. Die Steilheit
der Verschneidung verrringert sich.
Ein Höhersetzen des Beines ist fast immer verbunden mit dem Abstützen der gleichen Hand.

Beweglichkeit erleichtert viele Kletterstellen. „Stunden der Gemütlichkeit", 8,
Schüsselkar, Wetterstein.

Spezielle Klettertechniken

Extreme Kletterstellen lassen sich mit den bisher beschriebenen Klettertechniken nur schwer oder gar nicht überwinden. Der gezielte Einsatz eines Foothooks, das schwungvolle Ansetzen eines Mantels oder das geschickte Verklemmen eines Knies vereinfachen die Durchsteigung trotz ihrer vielleicht anfänglichen Ungewohnheit.

Mantle

Ein Durchdrücken beider Arme bis in den Stütz unter Zuhilfenahme der Beine.

Ein Klimmzug bringt den Körper in Position.
Schnelles Umsetzen der Arme (nacheinander) in die Drückposition. Die Hände werden dabei so aufgesetzt, daß die Daumen zum Körper bzw. nach außen zeigen.
Vollständiges Durchdrücken in den Stütz. Der Oberkörper legt sich dabei nach vorne. Ein Bein wird neben der Hand auf den Absatz gestellt. Man verlagert das Gewicht auf dieses und richtet sich auf. Je mehr Dynamik beim Mantle verwendet wird, desto kraftsparender ist er; der Schwung aus dem Ziehen sollte in den Stütz mitgenommen werden.
Ein seitliches Wegdrücken erfordert eine Beinbelastung auf der anderen Seite; das Bein übernimmt den Druck und verhindert ein Pendeln nach außen.

Foothook

Beim Foothook bewirkt das Einhängen der Ferse eine Entlastung der Arme bei Raststellungen, eine Erweiterung der Bewegungsmöglichkeiten beim Weiterklettern oder eine Stabilisierung des Gleichgewichts bei schwierigen Bewegungsabläufen.

Der Fuß wird so hoch wie möglich, unter Umständen auch über dem Kopf, mit der Ferse eingehängt; das andere Bein stabilisiert die Foothookbewegung durch Antreten oder Hängenlassen.

Dynamisches Klettern

Dynamisches Klettern ist die schwierigste Technikform des Kletterns. Viel Entschlossenheit, hervorragendes Bewegungsgefühl, exakte Belastungssteuerung und nicht zuletzt präzises Greifen werden dem Kletterer abverlangt. Manche Routen in den obersten Schwierigkeitsgraden lassen sich nur mit mehreren einander folgenden Dynamos bewältigen.

Der Körper wird mit Schwung an die Wand gezogen.
Im Moment des oberen Totpunktes, also wenn der Körper der Wand am nächsten ist, greift die Hand schnell zum anvisierten Griff.
Kurz vor dem Zufassen erzeugt man eine Spannung im Muskel, um ein sicheres Halten zu gewährleisten.

Dachklettern

Das Klettern eines Daches erfordert keine eigene Technik. Erhöhte Körperspannung ist Grundvoraussetzung.

Praktische Tips:
- Nie ohne Beinarbeit hinaushangeln! Das Hängenlassen schränkt die Bewegungskoordination beträchtlich ein. Es erfolgt kein Zeitgewinn.
- Tritte oder Klemmstellen für die Füße entlasten die Hände und erweitern die Bewegungsmöglichkeiten. Geplante Bewegungen können exakter ausgeführt werden.

Abklettern

Abklettern im leichten Gelände

Im leichten Gelände wird mit dem Gesicht zur Talseite abgeklettert.
Der Oberkörper ist stark nach vorne gebeugt, Arme und Beine dienen als Stütze.
Die Füße treten einzeln tiefer, bis der Körper fast gestreckt ist.
Die Hände werden einzeln nach unten gesetzt.

Abklettern im mittleren Gelände

Im mittelschweren Gelände wird mit dem Gesicht zur Wand abgeklettert.
Die Griffe werden so tief als möglich genommen, durch Seitwärtsdrehen und Herauslehnen des Oberkörpers visiert man die nächsten Tritte an.
Beim tiefen Griffassen kann unter Umständen eine Hockstellung günstig sein.
Es wird solange abgestiegen, bis der Körper fast gestreckt ist.

Abklettern im schweren Gelände

Sämtliche Aufwärtsbewegungen werden exakt in umgekehrter Reihenfolge abwärts geklettert.

◀ *Sportklettern auf 4800 m im Karakorum „Inschallah" 9–, Sosbun Tal.*

Rißklettern

**Riß = Sicherheit = Technik
Ein guter Klemmer ist besser als jeder Griff!**

Je nach Breite des Rißes unterscheidet man zwischen Finger-, Hand-, Faust- und Körperriß.
Jede Rißart erfordert eine eigene Technik, die in keiner Weise mit der des Griff- und Trittkletterns übereinstimmt. Richtiges Klemmes lernt man nur durch Versuch und Irrtum. Jeder wird sich anfangs in Rissen schwer tun und muß sich schinden. Unvermeidbar ist der Druckschmerz auf Finger und Handrücken; nach einiger Zeit läßt dieser aber deutlich nach.

Je besser die Technik, desto geringer der Schmerz!

Entscheidend sind ruhig ausgeführte, überlegte Bewegungen. Jeder Klemmer sollte präzise gesetzt werden, weil er beim Weiterklettern meist aufgrund der ungünstigeren Belastungsrichtung schlechter wird. Sitzt der Klemmer nicht exakt, rutscht der Finger bzw. die Hand im Riß, und schmerzhafte Hautabschürfungen sind die Folge. Gefährlicher noch ist die Überbelastung der Gelenke, wenn man aus Kraftmangel im Gelenk hängt.
Die Fortbewegung erfolgt primär durch die Beine. Gut verklemmte Füße entlasten die Hände und gewährleisten ein sicheres Weiterklettern.
Wer die Technik des Rißkletterns beherrscht, profitiert davon in vielen Routen. Selbst in reinen Wandklettereien finden sich überraschend gute Klemmstellen, durch die die beanspruchten Museklpartien entlastet werden.

Fingerriß

Fingerrisse erfordern viel Oberarm- und Fingerkraft!

Dünner Fingerriß
In parallelen Rißen zeigt der Daumen nach unten. Die Klemmwirkung wird durch das Abdrehen der Finger und Anspannen der Muskeln erreicht. (Bild 1)
Zusätzlicher Druck des Daumens auf die Rißkante erhöht die Klemmwirkung. (Bild 2)

◄ „Digital Readout", 5.12, Indian Creek Canyon, USA.

Bild 1

Bild2

Bietet der Riß eine Engstelle, zeigt der Daumen nach oben. Die beanspruchten Muskeln und Gelenke des Zeigefingers werden entspannt. Diese Stellung ermöglicht weites Durchziehen. (Bild 3)

Je stärker die Oberarme, desto weiter kann der Klemmer durchgezogen und desto höher kann fixiert werden.

Die Füße sind zu breit für den Riß und können darin nicht verklemmt werden. Die Schuhspitze drückt an die Rißkante oder in eine Rißerweiterung. (Bild 4)

Bild 3

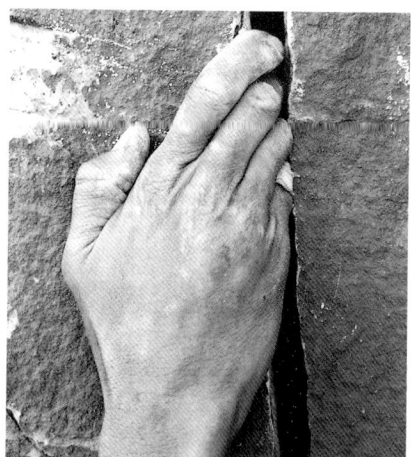

Bild 4

Breiter Fingerriß

Breite Fingerrisse sind äußerst unangenehm. Die unsicher scheinende Klemmwirkung wird durch das Abwinkeln von Zeige- und Mittelfinger erzielt. Besonders diese Rißbreite erfordert das Tapen der beanspruchten Hautpartien.

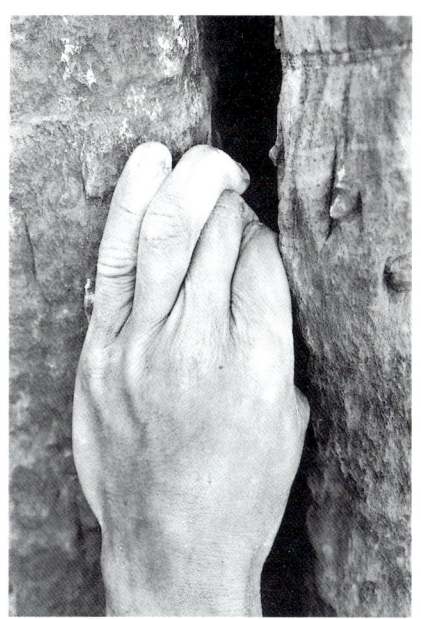

Sportklettern im Tesnov Gebirge, Sahara „Reibstein", 8–.

Handriß

Schmaler Handriß

Eine unangenehme und schmerzvolle Klemmbreite! Die Hand wird möglichst fest, Daumen nach unten, in den Riß gesteckt. Die Klemmwirkung erfolgt durch Abknicken über den Handknöchel des Zeigefingers.

Besonders Schuhe mit dünner Spitze (Hanwag-Boulder) finden in diesen Rissen Platz und erleichtern das Klettern erheblich!

Nach dem Auswärtsdrehen des Knies wird die Schuhspitze mit Nachdruck in den Riß gesteckt. Beim Durchstrecken des Beines wird der Schuh verklemmt.

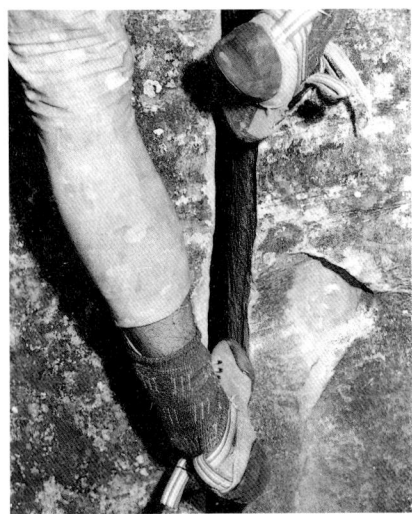

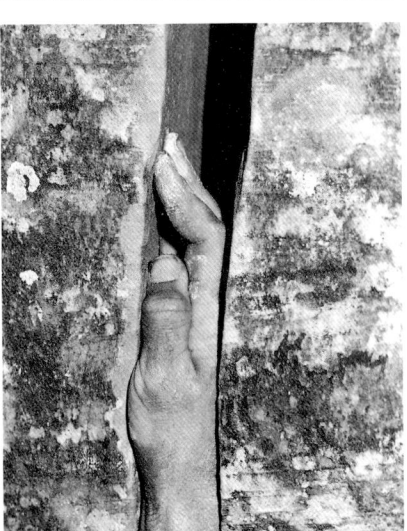

Mittlerer Handriß

In einem Handriß mittlerer Breite können Hände und Füße ideal verklemmt werden. Dies ermöglicht einen flüssigen Bewegungsablauf, wobei Hand über Hand und Fuß über Fuß gesetzt wird.

Die Hand wird entspannt, Daumen nach oben, in den Riß gelegt. Der Daumen wird vor den Handballen geschoben. Bei Zug nach unten verdickt und verklemmt sich der Handballen fast ohne Muskelanspannung.

Fußtechnik wie beim schmalen Handriß.

Breiter Handriß

In breiten Handrissen wird die Klemmwirkung durch Gegendruck von Handrücken und Fingerspitzen erreicht. Da diese Technik ermüdend ist, wird die andere Hand mit dem Daumen nach unten in den Riß gesetzt. Durch Zug nach unten verdreht sich der Arm und verklemmt die Hand.

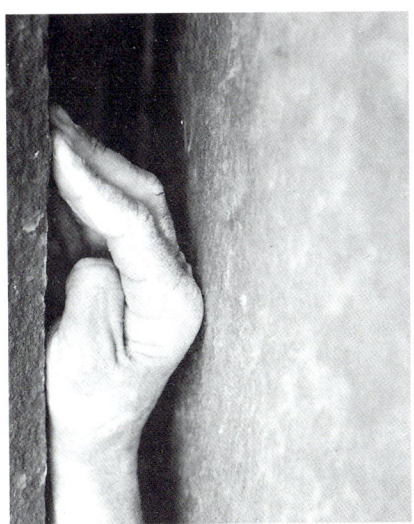 

Nachrücktechnik:
Um ungünstige Belastungen nach außen zu vermeiden, bleibt die untere Hand in der erstgenannten Stellung (Daumen nach oben), die obere Hand in der anderen Stellung. Dadurch kann kraftsparender und sicherer geklettert werden.

Faustriß

Die Hand wird quer zum Riß, Daumen nach oben, entspannt in den Riß gesetzt, kräftig zur Faust geballt und dadurch verklemmt.
Je nach Rißbreite umschließt die Hand den Daumen bzw. wird der Daumen seitlich angelegt.

◀ „Alien", 5.12c, Yosemite Valley.

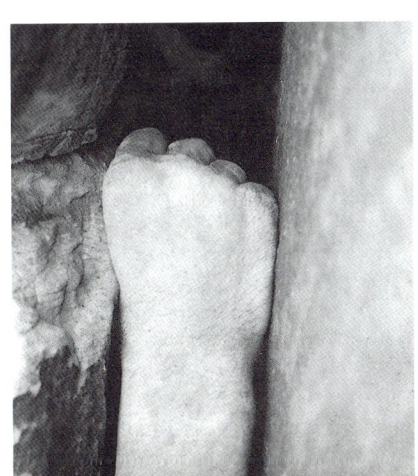

Überbreiter Faustriß

Je nach Steilheit der Wand gibt es zwei Techniken, diese unangenehmen Risse zu bewältigen.

Geringe Steilheit
Bei geringer Steilheit wird der Arm in den Riß gesteckt. Die Klemmwirkung entsteht durch Gegendruck von Handfläche und Ellbogen.
Ein Fuß wird quer im Riß verklemmt, der andere nützt Tritte oder Reibungstritte an der Wand.

Überhängende Risse oder Rißdächer
In überhängenden Rissen oder Rißdächern wird Hand und Faust gegeneinander verklemmt. Das Knie wird hoch in den Riß gesetzt und durch Abwinkeln verklemmt. Der andere Fuß wird im Riß soweit verdreht, bis er klemmt. Nach Fixieren beider Beine greifen **beide** Hände gleichzeitig weiter.
Ist der Riß zu weit für das Verklemmen des Knies (z. B. ein nach oben enger werdender Schulterriß), muß der Fuß über dem Kopf verklemmt werden.

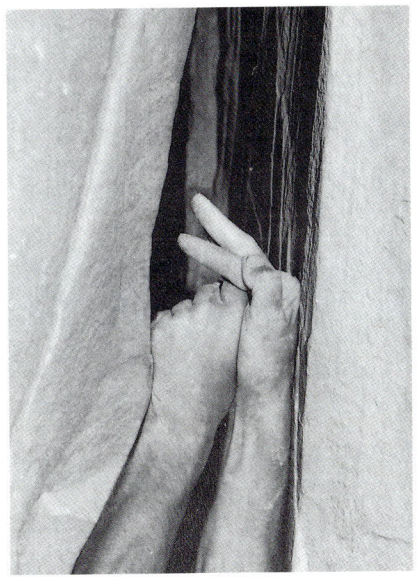 

◄ „Fisticuffs", 5.10b, Joshua Tree, USA.

Schulterriß

Der angewinkelte Arm wird in den Riß geschoben. Die Hand liegt vor der Schulter bzw. Brust und drückt auf die eine Rißwand, Oberarm und Schulter auf die andere. Knie und Fuß verhebeln sich im Riß. Die Fortbewegung erfolgt nun durch das Durchdrücken des Knies, wobei die freie Hand und das freie Bein durch Zug bzw. Druck auf die Rißkante die Bewegung unterstützen.

 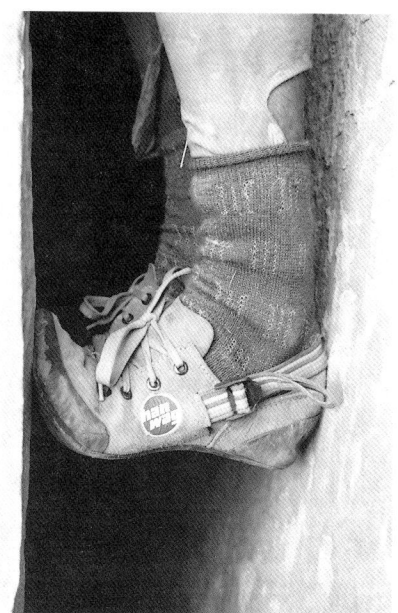

Rastposition: Der spitz in den Riß gesetzte Fuß wird durch Druck auf die Ferse verklemmt. Die freie Hand stützt an die Rißkante.

Ein Wechseln der Körperseite ist in diesen Rissen kaum möglich. Die Entscheidung, mit welcher Schulter geklettert wird, muß vor dem Einsteigen getroffen werden.

Folgende Kriterien sind entscheidend:
● Auf welche Seite hängt der Riß?
● Welche Rißseite bietet dem Rücken die bessere Auflage?

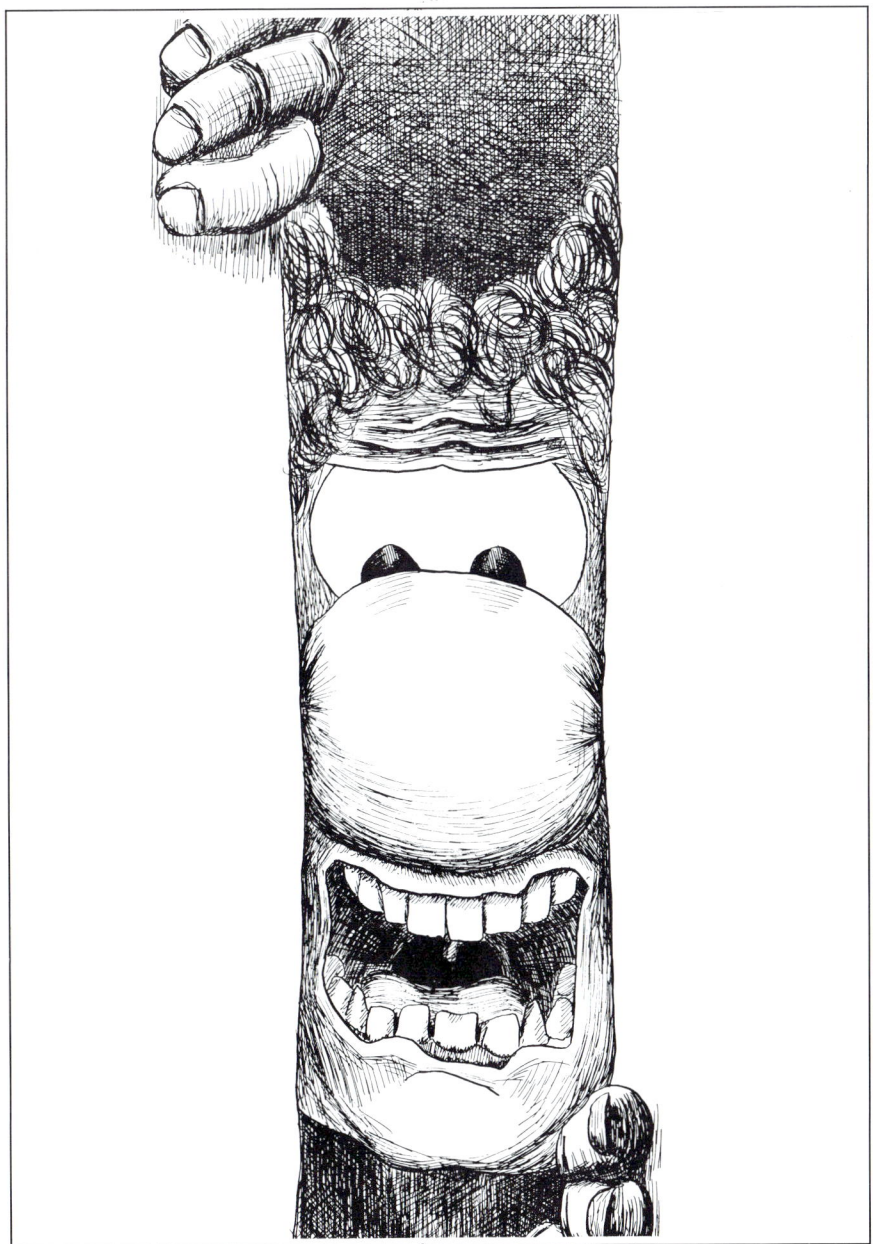

- Auf welcher Seite befinden sich eventuell Griffe und Tritte?
- Welche Rißkante ist schärfer und bietet der Außenhand die bessere Gegenzugmöglichkeit?
- Wo geht es nach dem Riß weiter?

Kamin

Kamine sind Risse, in denen der ganze Körper Platz findet.
Je nach Breite unterscheidet man zwischen engen Kaminen, Stemm- und Spreizkaminen.

Für alle Kamine gelten folgende Überlegungen:
- Welche Seite bietet mehr Griff- und Trittmöglichkeiten?
- Läßt sich der Kamin leichter im Grund oder weiter außen klettern?

Enger Kamin
Der Oberkörper wird durch Abstützen der Hände auf der anderen Kaminwand verklemmt.
Beide Beine werden gleichzeitig möglichst hoch angezogen und verklemmt. Der Oberkörper wird gelockert und durch die Stützkraft der Oberarme und Beine weitergeschoben.

Stemmkamin
Je nach Schwierigkeit und Sicherungsmöglichkeit kann ein Stemmkamin auf zwei Arten geklettert werden.

Methode 1:
Durch den Druck der Beine auf Füße und Gesäß wird der Körper verklemmt.
Zur Fortbewegung drücken die Arme den Körper von der Rückwand weg und mit Beinhilfe wird er höher geschoben. In kleinen Schritten folgen die Füße.
Achtung! Der Druck auf die Füße darf nicht zu gering werden. Diese schwerfällig scheinende Technik bietet viel Sicherheit.

Methode 2:
Die elegantere, jedoch risikoreichere Fortbewegung erfolgt durch das Ansetzen eines Fußes an der rückseitigen Kaminwand, wodurch eine effektivere Beinarbeit möglich wird. Die Hände benützen beide Kaminwände. Bei Nässe bzw. glatten Kaminwänden ist diese Methode nicht ratsam!

Spreizkamin

Die Auflagefläche der Sohlen und Handballen soll möglichst groß sein. Die Fußspitzen zeigen nach oben, die Fingerspitzen nach unten.

Durch verstärkten Druck auf eine Hand kann der Fuß von dieser Seite gelöst und höher gestellt werden.

Als Alternative bzw. als Rastposition bietet sich das Längsspreizen an. Auch das Abstützen der Hände oder Ellbogen auf das Bein entlasten dieses.

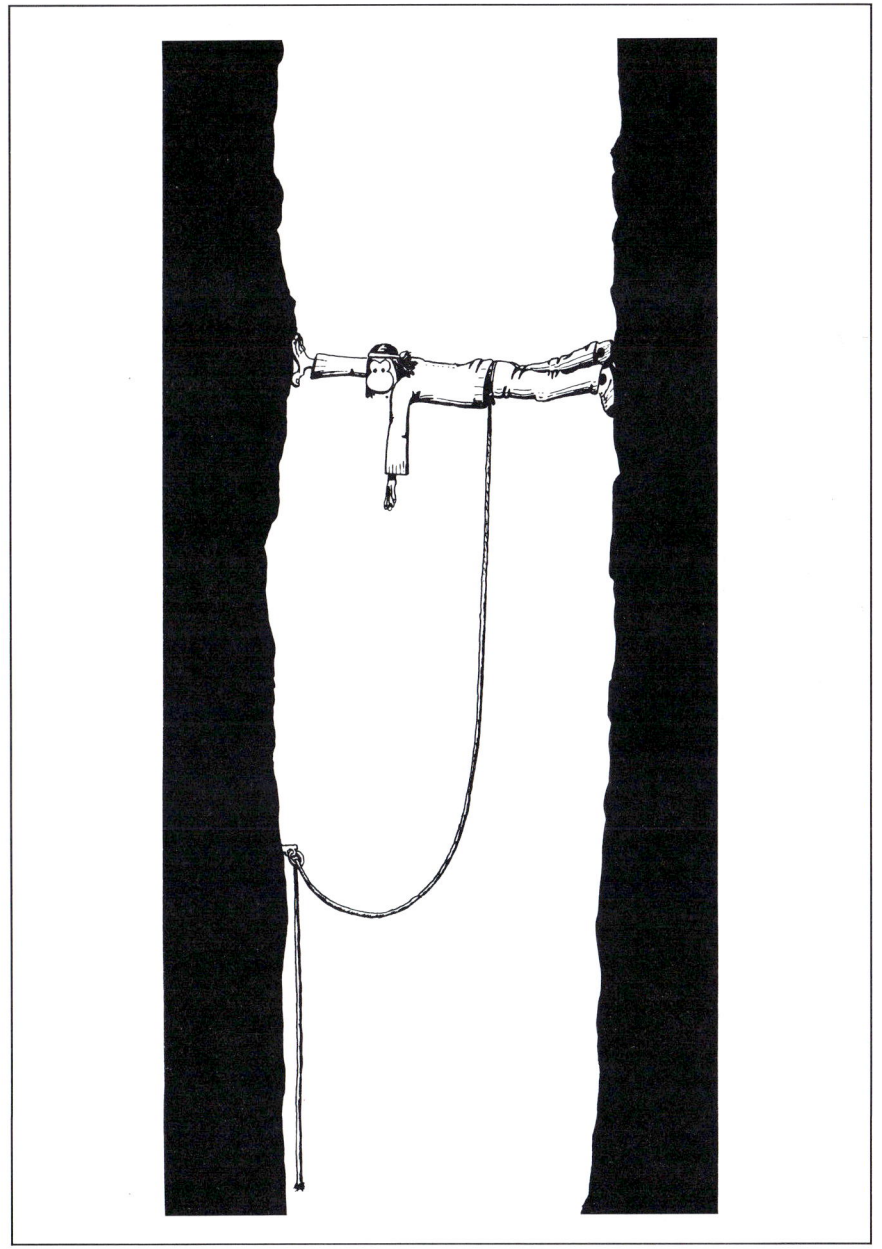

Tapen

Gute Klemmstellen liegen oft weit auseinander.
„Southern Comfort", 10, Rio de Janeiro. ▶

Ein Tapeverband schützt vor Hautabschürfungen und lindert den Druckschmerz

Fingertape (Blaues BDF-Tape verwenden!)
Das Tape wird in schmalen, ca. 5 mm breiten Streifen von der Fingerspitze Richtung Hand gewickelt. Der Finger ist dabei leicht angewinkelt, um beim Klettern genügend Flexibilität und Durchblutung zu gewährleisten. Ein dicker Tapeverband ist hinderlich.

Handtape (Rotes Leukoplast verwenden!)
Das Tape wird in ca. 3 cm breite Streifen von den Fingerknöcheln Richtung Handwurzel gewickelt. Die Hand ist dabei leicht angespannt, um beim Klettern die optimale Klemmwirkung und Durchblutung zu garantieren.

Tape-Handschuh
In langen Rißrouten bzw. Bigwalls ist ein mehrmals verwendbarer Tape-Handschuh ideal. Nach dem Klettern werden die Tapewindungen an der Handinnenseite aufgeschnitten. Bei der nächsten Verwendung genügen 1 bis 2 kurze Streifen zur Fixierung des alten Verbandes.

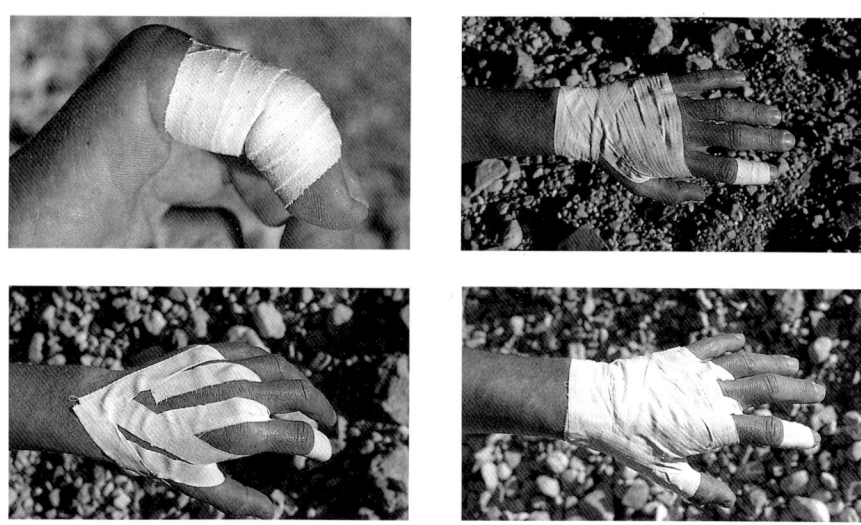

Tapeverband zur Stützung verletzter Sehen und Bänder
Der Tapeverband muß möglichst straff und mehrschichtig angelegt werden, darf aber Durchblutung und Bewegungsradius nicht einschränken.

Sturz

Durch das Klettern an der Leistungsgrenze ist der Sturz beim Sportklettern eine Selbstverständlichkeit geworden.

Dennoch birgt jeder Sturz Gefahrenquellen, die nur durch ausreichende Sturzerfahrung des Kletterers als auch des Sichernden weitgehend ausgeschaltet werden können.

Stürzen lernen

Voraussetzungen
- Absolut sicherer Standplatz und Zwischensicherungen.
- Senkrechte bis leicht überhängende Wand ohne Absätze oder spitze Felsköpfe.

Stürzen
Durch langsames Steigern der Sturzhöhe können sich Kletterer und Sichernder optimal auf die Anforderungen einstellen und die für einen kontrollierten Sturz notwendigen Verhaltensregeln erlernen.

Verhaltensregeln für den Kletterer

- Den Körper in eine aufrechte Position bringen.
- Entspannt loslassen; in senkrechtem Fels leicht mit den Füßen abstoßen.
- Krampfhaftes und übermäßiges Abstoßen von der Wand vermeiden.
- Mit beiden Händen das Seil über dem Anseilpunkt festhalten, um ein Nachhintenkippen zu vermeiden.
- Während des Sturzes alle Muskeln des Körpers anspannen.
- Nicht versuchen, den Sturz selbst abzufangen.
- Die Augen offen halten und versuchen, den Sturz bewußt mitzuerleben.
- Mit den Füßen versuchen, einen möglichen Aufprall abzufangen.

Verhaltensregeln für den Sichernden

- Keinesfalls krampfhaft die Sicherung blockieren.
- Den Sturz nicht mit der Führungshand abfangen

Unkontrollierbare Stürze

Ursachen
- Unerwartetes Stürzen durch Ausbrechen eines Griffes oder Abrutschen von einem Tritt.
- Große Sturzhöhe (über 10 Meter).
- Felskontakt während des Sturzes.
- Ausbrechen der Zwischensicherung.

Taktik

Ob Tennis- oder Schachspiel, der Spieler wird sich lange vor dem Wettkampf ausführlich über den Gegner informieren. Je nach Stärke und Verhaltensweise wird er ein taktisches Konzept erstellen, wie er die Schwachstellen des Gegners am besten nützen und ihn besiegen kann. Während des Spiels wird er bestrebt sein, die geplante Spieltaktik mit Konsequenz zu verfolgen; trotzdem wird er sich Freiräume für unvorhergesehene Reaktionen des Gegener offen halten.

Je nach Anforderung und Bedeutung einer Kletterroute wird sich der Kletterer vor dem Einsteigen mehr oder weniger intensiv damit auseinandersetzen.

Gesprächsinformation

Im Gespräch mit anderen Kletterern können gute Tips ausgetauscht und wichtige Erkenntnisse gewonnen werden.

◀ *Für psychisch anspruchsvolle Routen ist die taktische Vorbereitung besonders wichtig. „Bachar-Yerian", 8–/8, Tuolumne, USA.*

Man sollte sich aber stets vor Augen halten, mit wem man redet. Die ehrlich gemeinte Auskunft eines Yosemite-Riß-Spezialisten über die Qualität der Klemmer in einem Riß ist ebenso mit Vorsicht zu genießen, wie die eines Kalkkögel-Kletterers über die Brüchigkeit einer Route. Am sinnvollsten sind Vergleiche mit bereits bekannten Routen. Darüber hinaus sollte folgendes in Erfahrung gebracht werden:

- Stimmt die Bewertung des Schwierigkeitsgrades?
- Wie kann die Route abgesichert werden?
- Welche Klemmkeile können wo gelegt werden?
- Gibt es besondere Sicherungstricks, die nicht offensichtlich sind (Sanduhrschlinge, ineinander verklemmte Klemmkeile)?
- Ist die Route technisch anspruchsvoll oder ein reines Kraftproblem?
- Konzentrieren sich die Schwierigkeiten auf eine Stelle oder sind sie gleichmäßig über die ganze Route verteilt?
- Wie klettert man die Schlüsselstelle?
- Gibt es versteckte Griffe, Tritte bzw. Tricks?
- Wo sind Rastpunkte?
- Ab wann hat man die Route in der Tasche (wichtig für die Motivation)?

Inspektion

Durch genaues Beobachten ergeben viele kleine Puzzle-Teile ein Gesamtbild, das über den Charakter der Route Auskunft gibt

Folgende Überlegungen helfen dabei:
- Wie schwer ist der Weg? Liegt er im Bereich unserer Leistungsfähigkeit?
- Ist die Route ausreichend abgesichert?
- Welche Sicherungsmittel sind fixiert? Welche müssen selbst angebracht werden?
- Von welcher Position aus können Sicherungspunkte eingehängt werden? Ist das Einhängen gefährlich?

Falls die Route selbst abzusichern ist, werden folgende Überlegungen angestellt:
- Wo kann welcher Keil gelegt werden?
- Hat man an dieser Kletterstelle die Zeit und die Kraft, einen Keil zu legen?
- Verlegt der Keil eine gute Klemmstelle oder einen Griff?
- In welchen Abständen benötigt man eine sichere Basis, bestehend aus einem oder mehreren Keilen?

- Darf man jederzeit stürzen oder müssen Teile der Route absolut kontrolliert geklettert werden?
- Kann im Notfall ein Teil abgeklettert werden?
- Wo sind die Schlüsselstellen und die Rastpunkte?
- Kann die Schlüsselstelle vom Rastpunkt aus erarbeitet werden, d. h. kann nach einem Vorstoß wieder zurückgeklettert werden?
- Wie klettert man die Schlüsselstelle?
- Welche Passagen sollten schnell geklettert werden?
- Wo hat man Zeit zum Nachchalken (in den Magnesiabeutel greifen)?
- An benachbarten Wandstrukturen wird die Festigkeit und Reibung des Gesteins überprüft, bzw. ähnliche Löcher und Leisten gesucht, um zu sehen, wie gut diese sind.
- Wann herrschen in der Route ideale Verhältnisse (am Morgen zu feucht, mittags zu heiß...)?

Verarbeiten der Informationen

Dank der gewonnenen Erkenntnisse weiß man über die körperlichen und geistigen Anforderungen einer Route Bescheid.

- In aller Ruhe wird überlegt, ob man die Herausforderung der Route annimmt und gewillt ist, den erforderlichen Einsatz zu bringen (Schmerz in Kauf nehmen, Risiko eingehen).
- Im Geist werden entscheidende Passagen immer wieder durchklettert; man wird dadurch mit der Route vertraut.
- Erst wenn Psyche, Wille und Motivation stimmen, sollte man einsteigen.

Durchführung

Jedem der folgenden Punkte kommt eine besondere Bedeutung zu, die man weder mißachten noch belächeln sollte.

Aufwärmen

Bevor man in eine schwere Route einsteigt, werden die Muskeln und Sehnen mind. 20 Min. durch Gymnastik und Dehnungsübungen bzw. leichtes Klettern aufge-

wärmt. Bei manchen Kletterern besteht noch der Irrglaube, daß sie vorher nichts klettern dürfen, um ja keine Kraft zu verlieren. Mit den Muskeln verhält es sich wie mit dem Motor, der erst nach langsamem Aufwärmen die volle Leistung bringt. In der Aufwärmroute sollte man die Muskeln spüren, dürfen die Unterarme leicht hart werden. Nach einer Pause von ca. 20 Minuten, in der Lockerungsübungen gemacht werden, kann man sich dem eigentlichen Ziel zuwenden. Interessanterweise lockert Gymnastik nicht nur den Körper. Nach einigen vorbereitenden Übungen fühlt man sich entspannter und beweglicher.

Letzter „Check"

Im Schnellverfahren werden die gespeicherten Informationen nochmals überprüft.

Richtiges Anseilen (vgl. Anseilen Seite 34)

Leider ist es gerade in diesem Bereich zu schweren Unfällen gekommen. Die Konzentration auf die bevorstehende Route lenkt von Routinevorgängen ab, der Kletterer vergißt, sich richtig anzuseilen. Ein an sich harmloser Sturz endet dann erst am Boden...

Ordnen der Sicherungsmittel

Die Einhäng-Positionen der Sicherungskette werden nochmals überprüft; je nachdem, ob ein Haken mit der linken Hand eingehängt oder ein Klemmkeil gelegt wird, werden die Sicherungsmittel links bzw. rechts am Klettergurt der Reihenfolge nach angeordnet.

Ordnung ist das halbe Leben!

In manchen Routen ist es unbedingt notwendig, blitzschnell die passenden Sicherungen anzubringen. Ohne Hinsehen wird der richtige Klemmekeil etc. vom Gurt genommen.

Expreßschlingen
Müssen ein oder mehrere Haken aus anstrengenden Positionen eingehängt werden, verwendet man Expreßschlingen. Ein Karabiner hängt dabei im Seil, der andere wird z. B. ans Hemd oder unter einen Klettverschluß geklemmt. In beiden Fällen wird der Karabiner im entscheidenden Augenblick vom Hemd gerissen und in den Haken eingehängt. Die Zeit für das Hochziehen des Seils und das Einhängen in den zweiten Karabiner wird gespart.

Putzen der Schuhe

Durch sorgfältiges Reinigen der Schuhe wird deren Reibung erhöht und der Fels sauber gehalten; dieses Ritual bietet Zeit zur Selbstberuhigung, Konzentration und Einstimmung des Körpers auf die bevorstehende Leistung.

Klettern

- Man versucht, das Geplante exakt auszuführen.
- Auf unvorhergesehene Änderungen sollte man immer gefaßt sein.
- Zeitplan einhalten! Da durch Nervosität oft das Zeitgefühlt fehlt, soll der Partner die Zeit am Rastpunkt mitstoppen.

Jeder **Rastpunkt** muß genützt werden! Er dient der geistigen und körperlichen Erholung, auch wenn man das Gefühl hat, nicht rasten zu müssen. Besonders unerfahrene Kletterer unterschätzen deren Bedeutung. Aus innerer Unruhe vor dem Bevorstehenden wird schnell weitergeklettert, bis einem unerwartet die Kraft ausgeht.

„Zu zweit ist alles halb so schwer." → Partnersicherung (siehe Seite 38)

Reflexion

Nach einem Versuch oder einer Begehung sollte ein kurzes Resumee gezogen werden
- Warum ist es gut/schlecht gelaufen?
- Was hat man falsch beurteilt?
- Worauf muß mehr geachtet werden?

Psyche

„Das Gehirn ist der wichtigste Muskel beim Klettern" (R. Karl)

Neben Technik und Kraft spielt die Psyche eine entscheidende Rolle für die Leistungsfähigkeit eines Kletterers. Wer kennt nicht die lähmende Kraft der Angst, die uns Bleifüße verleiht und jeglichen Bewegungsfluß erstarren läßt. Andrerseits können positive Motivation und Wille ungeahnte Reserven in Kletterern freisetzen und geradezu eine Leistungsexplosion bewirken. Ein hochmotivierter Kletterer kann seine körperlichen Fähigkeiten voll zum Einsatz bringen. Ängste, Zweifel und sogar Schmerzgefühle werden total verdrängt.

Schulung der Psyche

Abbauen der Angst
Der Anfänger zweifelt an der Sicherheit der Ausrüstung und fürchtet sich vor dem Stürzen. Durch den ständigen Umgang mit den Sicherungsmitteln wächst die Erfahrung und damit das Vertrauen. Die Angst vor dem Sturz verliert man nicht allein durch kontrollierte Sturzversuche. Erst durch Klettern an der Sturzgrenze und Stürzen in gut gesicherten Routen wird diese Hemmschwelle langsam abgebaut.

Aufbau der Motivation
Durch die intensive geistige Auseinandersetzung mit einer Route wird die körperliche und psychische Leistungsfähigkeit erhöht. Körper und Geist stellen sich auf die bevorstehenden Anforderungen optimal ein (vgl. → Taktik, Seite 107ff.).

Mentales Training

Durch verschiedene Konzentrations- und Entspannungstechniken kann die psychische Stärke vergrößert werden. Mentale Stärke ist keine angeborene Eigenschaft, sondern eine erworbene Fähigkeit. Obwohl fast alle Sportler der Meinung sind, daß eine gute Leistung zu 70 bis 90% auf die geistig-seelische Verfassung zurückzuführen ist, wird der Bereich des geistigen Trainings stark vernachlässigt. Das Ziel des mentalen Trainings ist die selbständige Steuerung der Motivationsphase (zum richtigen Zeitpunkt voll motiviert sein), sowie die Schulung charakteristischer Fähigkeiten, die einen Spitzensportler auszeichnen.

◀ *Psycho-Hammer "-Schlüssel zum Paradies", 9–, Speckkarspitze, Karwendel.*

Merkmale eines innerlich starken Sportlers
- Interessiert und engagiert,
- selbstmotiviert,
- positiv, aber realistisch,
- ruhig und entspannt auch unter Druck,
- energiegeladen und handlungsbereit,
- entschlossen,
- geistig hellwach,
- selbstbewußt.

Diese Auflistung ist dem Buch „Mentaltraining" von Dr. James E. Loehr (BLV) entnommen, das zu diesem Thema wärmstens empfohlen werden kann.

Motivationstief

Wie der Körper braucht auch der Geist hin und wieder eine Zeit der Erholung. In Ruhe und Entspannung wird neue Kraft gesammelt, der schwach gewordene Wille gestärkt. Es ist ein Fehler, aus Ehrgeiz oder ähnlichen Beweggründen der Forderung des Geistes nach Ruhe nicht nachzukommen. Die Folgen sind Mißmut und Enttäuschung über die mäßige Leistung. Wer die Freude am Klettern nicht verlieren will, sollte sich diese Zeilen zu Herzen nehmen.

Free Solo Begehung der Route „Double Exposure" 7+/8–, Mt. Lemmon, USA ▶

Krafttraining

Auf eine wissenschaftliche Abhandlung dieses komplexen Themenbereichs wird hier verzichtet. Viele Beispiele aus der Vergangenheit bestätigen die Meinung, daß eine zu spezielle Auseinandersetzung und die damit verbundenen theoretischen Konsequenzen nur Verwirrung und Langeweile hervorrufen. Vielmehr sollten die aus der Praxis gewonnenen Erfahrungen über das Krafttraining, basierend auf der Grundlage wissenschaftlicher Erkenntnisse, jedem Kletterer auf einfache Weise weitergegeben werden, damit er selbst in die Lage versetzt wird, sich einen erfolgreichen Trainingsplan zu erstellen. Die nachfolgenden Methoden des Krafttrainings und der damit verbundene Zeitaufwand ist nicht als Maßstab für jedermann zu sehen. Die individuelle Gestaltung des Trainings hängt natürlich zum einen vom momentanen persönlichen Leistungsstand, zum anderen von der persönlichen Zielsetzung ab. Für den Kletterer des 7. Grades mit dem Ziel, in möglichst kurzer Zeit ein Spitzenkletterer zu werden, ist ein Trainingspensum von 5 Tagen ein absolutes Muß. Für den Anfänger im 4. oder 5. Schwierigkeitsgrad genügt ein Training von 2 Tagen in der Woche.

Gefahren des Krafttrainings

Einseitige Belastungen aufgrund von monotonen statischen und dynamischen Kraftübungen erhöhen die Wahrscheinlichkeit der Verletzungsgefahr und die des Verschleißes. Dies kann zur Verminderung der Leistungsfähigkeit, bei irreparablen Schäden sogar zur Aufgabe des Klettersports führen. Als besonders gefährdet gilt der Bereich der Finger-, Hand- und Unterarmmuskulatur.
Das Bestreben in möglicht kurzer Zeit Höchstleistungen zu bringen, weist auf die nächste Problematik des Krafttrainings hin. Ohne die entsprechenden Körperteile auf ungewohnte und daher sehr starke Belastungen langsam vorzubreiten, wird meist auf Teufel komm raus „gepowert". An bestimmte Gesetzmäßigkeiten wird dabei nicht gedacht. Muskeln passen sich den gesetzten Trainingsreizen schneller an als Sehnen, Bänder und Gelenke. Maximale Belastung der Muskeln bei schnell antrainierter Kraft kann somit eine Überbeanspruchung der Skeletteile bedeuten. Bei Jugendlichen erhöht sich diese Gefahr, da die Skelettentwicklung und das Wachstum noch nicht abgeschlossen ist. Weichere Knochensubstanz und die nicht vollständige Struktur des Knochenmaterials bewirken verminderte Belastbarkeit des Skeletts, von der Wirbelsäule bis hin zum letzten Fingerglied.
Vorrangiger Zweck eines Krafttrainings für den Kletterer ist die Verbesserung der relativen Kraft. Unter relativer Kraft versteht man im eigentlichen Sinn das Verhält-

nis von absoluter Kraft zu Körpergewicht. Was bringt schon ein großer Kraftzuwachs, wenn man dafür ein großes Gewicht in Form von Muskeln zulegt.
Fehlende Kraft als Entschuldigung für das Versagen in einer Route ist offensichtlich zur Mode geworden. Andere leistungsbezogene Faktoren wie Technik, Körperbeherrschung, Beweglichkeit und psychische Verfassung werden dann nur allzu oft in den Hintergrund gestellt, obwohl erst die Summe aller Faktoren das Können des Kletterers bestimmt. Der Ausspruch „Kraft kann man nie genug haben" gilt allenfalls für den Spitzenkletterer. Ein konsequentes Krafttraining vor dem Beherrschen der wichtigsten Klettertechniken bringt die Gefahr mit sich, Klettern nie richtig zu erlernen. Schlechte Technik kann nur begrenzt durch Kraft kompensiert werden.

Gesundes Training

Hohe Belastungen im Training sollten durch ein entsprechend langes Grundlagenausdauertraining und ein ansteigendes Kraftausdauertraining vorbereitet werden. Dies ist besonders bei trainierenden Jugendlichen zu berücksichtigen.
Es ist von ungemeiner Wichtigkeit, eine ständige Variation der Griffhalteübungen während des gesamten Trainings einzuhalten. Ein individuell gefertigtes Trainingsgerät mit sehr vielen angenehm passenden Griffmöglichkeiten (mindestens 20) erleichtert dieses Vorhaben und führt aufgrund des dauernden Belastungswechsels zu besseren Trainingsergebnissen.

Halten einer kleine Leiste.   *Halten eines flachen Griffes.*

Ebenso empfiehlt es sich, einen deutlichen Schwerpunkt auf fingerschonende Griffe zu legen. Fingerschonende Griffe haben mindestens die Größe des ersten Fingergliedes und werden grundsätzlich flach gehalten, mit allen Fingern. Damit werden gefährliche Gelenksverletzungen im Bereich der Finger vermieden und der Trainingseffekt ist keinesfalls geringer.

Extreme Belastung wie das Halten kleinster Leisten (unter 10 mm) mit aufgestellten Fingern dürfen höchstens 20 Prozent des Trainingsumfangs ausmachen.

Fixierübungen im vollen Ellbogenwinkel sind wegen hoher Verletzungsgefahr im Ellbogenbereich zu vermeiden.

Dynamische Übungen werden zur Schonung des Sehnenansatzes des Ellbogens nicht ganz ausgestreckt durchgeführt.

Treten speziell an einer Übung einmal Schmerzen auf, so ist diese sofort zu unterbrechen. Nach einer entsprechenden Pause versucht man es nochmals. Bei gleicher Schmerzindikation ist die schmerzhafte Übung einzustellen, das übrige schmerzfreie Training sollte weiter fortgesetzt werden. Ein spontaner Selbstbehandlungsversuch, die schon fast rituelle Anwendung eines Tapes zum Beispiel, verdeckt die eigentliche Ursache und gefährdet nur die eigene Gesundheit. Nur das Aufsuchen einer geeigneten medizinischen Fachkraft verspricht schnelle Besserung.

Eine trainingsgerechte, gesunde Ernährung fördert die Erhöhung der relativen Kraft. Das Vollpumpen mit zusätzlichen Eiweißstoffen ist nicht notwendig; es erhöht unter Umständen das Körpergewicht.

Trainingsgerät

Das A und O eines erfolgreichen Trainings ist die gleiche bzw. ähnliche Belastung der kletterspezifischen Muskulatur wie beim richtigen Klettern. Dies wird ermöglicht durch Benutzung von

- Trainingsbalken
- Griffbretter
- Türleisten

Bei der Anwendung eines gekauften oder selbsterstellten Gerätes ist zu achten auf:

- Sichere Befestigung (kein Wackeln...),
- ausreichende Griffmöglichkeiten (mindestens 20),
- Ausschluß gegenseitiger Behinderung der anzuwendenden Griffkombinationen,
- abgerundete Kanten der Leisten und Löcher.

Zusatzgewichte und Deuserband sind aufgrund notwendiger Belastungssteuerung unabdingbares Trainingsrepertoire.

Andere Trainingsmöglichkeiten werden wegen mangelnder Effektivität nicht erwähnt.

Biologische Grundsätze

Superkompensation → Grundlage der Funktions- und Leistungssteigerung:

Trainingsreize führen durch Verbrauch von Energiequellen zu Ermüdungsprozessen und damit zu geringerer Leistungsfähigkeit. Die anschließende Erholungsphase gleicht das Energiedefizit nicht nur aus, sondern geht über das Anfangsniveau hinaus (→ Superkompensation). Trainingseinheiten am Höhepunkt einer Erholungsphase sichern die gewünschte Leistungssteigerung.

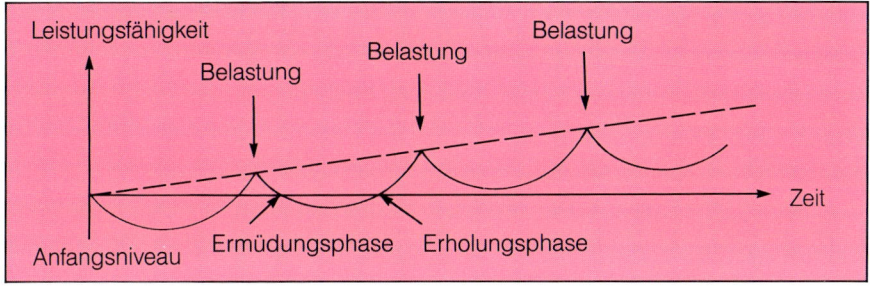

Richtig dosierte Belastungsreize, die nicht am Höhepunkt einer Erholungsphase gesetzt werden (zu früh oder zu spät), führen zu keiner optimalen Leistungssteigerung. Genauso verhält es sich mit zu hoch oder zu niedrig angesetzten Belastungsreizen zum richtigen Zeitpunkt. Schlimmstenfalls kann es zum Übertraining kommen mit der Folge einer Abnahme der Leistungsfähigkeit. Übertraining wird verursacht durch zu hohe Belastungsreize bei zu kurzer Erholungsphase.

Steuerung der Reize geschieht durch:
- Belastungsintensität (Prozentuale Belastungsstärke einer Übung),
- Belastungsdauer (Wiederholungszahl oder Belastungszeit einer Übung),
- Belastungsumfang (Gesamtwiederholungszahl oder Gesamtbelastungszeit aller Übungen einer Trainingseinheit),
- Erholungsdauer (Pausenzeit zwischen den Übungen, Trainingseinheiten).

Regenerationszeiten sind mit den jeweiligen Belastungskomponenten in der Trainingsplanung auf einen Nenner zu bringen. Die großen Zeitspannen des nachfolgenden Schemas resultieren aus einer unterschiedlichen Leistungsfähigkeit. Ein fortgeschrittener Trainierender erholt sich schneller als ein Trainingsanfänger.

	Kraftausdauer-extensiv	Kraftausdauer intensiv	Maximalkraft
Regene-rationszeit	24 bis 48 Std.	48 bis 72 Std.	48 bis 72 Std.
Trainings-häufigkeit	3 bis 4 Trainings-einheiten pro Woche	2 bis 3 Trainings-einheiten pro Woche	2 bis 3 Trainings-einheiten pro Woche

In der Trainingsdurchführung steht die Systematik an erster Stelle. Sie hat einen bedeutend höheren Stellenwert als die Methode.

Krafttraining wird durch ein gezieltes, nicht übertriebenes Ausdauertraining vorbereitet und unterstützt.

Kleine Infektionskrankheiten sowie leichte Verletzungen an Muskeln und Sehnen sind nicht zu unterschätzen. Das Training sollte reduziert oder ausgelassen werden, um längere Ausfallzeiten oder sogar bleibende Schäden zu vermeiden.

Das vorteilhafte Körpergewicht des Sportkletterers bewegt sich zwischen 10 und 13 Prozent unter Normalgewicht; der Muskelprotz ist nicht begünstigt, der relativ schlanke, dehnfähige Muskel verspricht den größten Erfolg.

Periodisierung

Zum richtigen Zeitpunkt fit sein

Welcher Kletterer kennt nicht die Situation, zum richtigen Zeitpunkt nicht richtig fit zu sein, und das, obwohl er das ganze Jahr über brav trainiert hat. Sei es beim 6wöchigen Amerika-Aufenthalt oder beim Kletterwettkampf in Italien. Zur Vermeidung solcher Pannen dient eine Periodisierung. Periodisierung bedeutet die Einteilung eines Zeitraumes von einem Jahr in Trainingsabschnitte.

Ziele der Periodisierung sind:

● Kontinuierliche Leistungssteigerung,
● Gezielte Steuerung des Leistungshöhepunktes.

Ausgangspunkt ist der Zeitabschnitt des geplanten Leistungshochs. Von ihm werden rückwärtsrechnend die Perioden, Etappen und Zyklen festgelegt.

Die Periodisierung ist von verschiedenen Faktoren abhängig, vor allem von der Anzahl und Terminierung der zu bestreitenden Wettkämpfe oder den angestrebten Höchstleistungszeiträumen.

Ein Jahrestrainingsplan beinhaltet folgenden Aufbau:

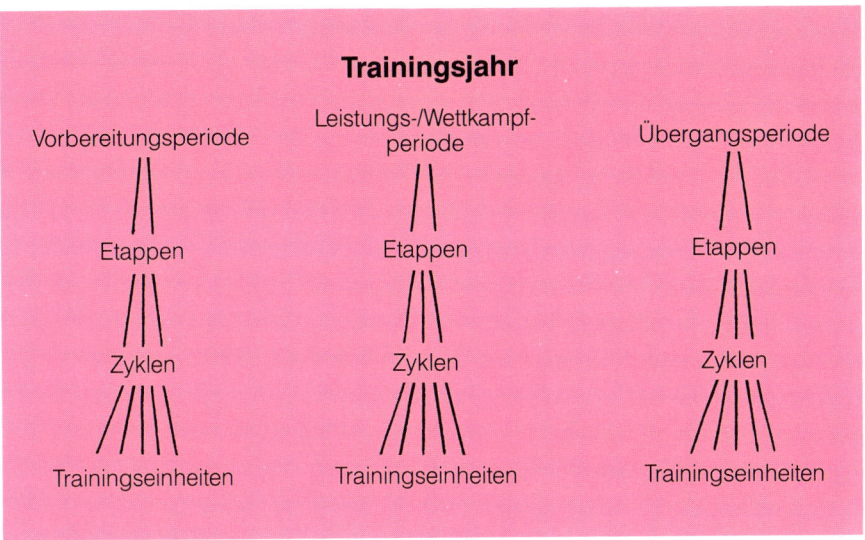

Vorbereitungsperiode

Sie beinhaltet 2–3 Etappen. Etappen 1 und 2 sind für den Ausbau der physischen Belastbarkeit gedacht. Hoher Trainingsumfang und geringere Intensität sind die Merkmale. Die Etappen 2 und 3 leiten direkt in die Leistungs-/Wettkampfperiode über. Der Belastungsumfang geht zurück, die Intensität der Belastung steigt.

Leistungs-/Wettkampfperiode:

Neben absoluter Beanspruchung beim Klettern ist kurzes Maximalkrafttraining angesagt. Der Belastungsumfang nimmt rapide ab, extensives Kraftausdauertrainng wirkt fördernd und bringt Erholung.

Übergangsperiode:

Sie ist die kürzeste Periode. Spezielle und allgemeine Übungen sind so durchzuführen, daß das Leistungsniveau nicht gänzlich verflacht und gleichzeitig eine Regeneration des Körpers stattfindet.

Etappen:

Eine Etappe dauert 4–6 Wochen. Eine Unterteilung in Etappen läßt die Perioden wirksamer werden, da innerhalb der Periode gezielter trainiert werden kann (Beispiel → verschiedene Etappen mit verschiedenen Trainingsmaßnahmen versehen). Erkannte Schwächen können in den Folgeabschnitten zielstrebig bekämpft und behoben werden.

Zyklen:

Ein 7–14 Tage dauernder Zyklus ermöglicht ein exaktes Zusammenspiel verschiedener Belastungen und Pausen. Ein gut ausgearbeiteter Zyklus ist der Grundstein einer effektiven Trainingsperiode.

Die Trainingseinheit

- Aufwärmphase
- Krafttraining
- Abwärmphase

Aufwärmphase

In kaum einer anderen Sportart wird die Vorbereitung für das Krafttraining so vernachlässigt wie bei der Sportart Klettern. Die Bedeutung dieses selbständigen Teils einer Trainingseinheit wird anhand folgender Gründe deutlich:
- Erhöhung der Leistungsbereitschaft
- Vorbeugen von Verletzungen

Ein sorgfältig ausgeführtes Aufwärmtraining erwärmt die Muskeln auf Betriebstemperatur, stellt optimale Muskelelastizität her und führt zu höherer Beweglichkeit. Der einleitende Teil besteht aus:

Psychische Einstimmung:
- Identifizierung mit den gesetzten Zielen; man versucht sich schon vor dem Training neue Bestmarken einzureden.
- Es gilt eine positive Einstellung zu gewinnen, denn nur ein mit Freude gehaltenes Training bringt hohe Effektivität.

Auflockern, Aufwärmen:
- Ein Lauf von 15 Minuten lockert und wärmt die gesamte Muskulatur auf; Seilspringen oder das Laufen auf der Stelle erfüllt den gleichen Sinn.

● Kneten von Tennisbällen.
● Gegenseitiges Drücken der Hände.

Dehnen:
● Dehngymnastik (vorsichtig dehnen, da die Muskulatur nicht vollständig aufgewärmt ist).

Vorbelasten:
● Belasten verschieden großer Griffe mit Beinunterstützung.
● Einige sehr langsam ausgeführte dynamische Übungen.
Die aufgeführte Reihenfolge der Teilaufgaben ist einzuhalten. Der zeitliche Aufwand von 30 Minuten ist ausreichend.

Krafttraining

Die Trainingsbelastung der Muskeln sollte den tatsächlichen Anforderungen beim Klettern entsprechen. Dies geschieht durch das spezielle Training der Komponenten:
● Kraftausdauer, extensiv
● Kraftausdauer, intensiv
● Maximalkraft.

Kraftausdauer, extensiv:
Ein extensives Kraftausdauertraining beinhaltet einen ständigen Wechsel von Belastung und Pause. Niedrige Belastungsstärke von 40–60% der möglichen Kraftleistung und unvollständige Pausen von höchstens 90 Sekunden kennzeichnen dieses Training. Die Belastungsdauer ist im statischen Bereich mit 15–25 Sekunden und im dynamischen Bereich mit 5–8 Wiederholungen auszuführen. Der notwendige Belastungsumfang wird mit 20–25 Serien pro Trainingseinheit erreicht. Es darf aber kein erschöpfungsähnlicher Zustand eintreten.

Kraftausdauer, intensiv:
Die Belastungsform der intensiven Kraftausdauer kommt der des Kletterns am nächsten. Hohe Belastungsintensität von 60–80% der maximalen Leistung werden verwirklicht mit einer Belastungszeit von 25–35 Sekunden bei statischem Training und 8–12 Wiederholungen bei dynamischem Training. Der Trainingsumfang beträgt 10–15 Serien, die Pausenzeit liegt zwischen 90 und 180 Sekunden.

Maximalkraft:
Extreme Stellen erfordern manchmal ein einarmiges Ziehen oder ein fixieren kleinster Griffe. Es werden maximale Anforderungen gestellt. Zur Verbesserung der maximalen Kraft ist eine Belastungsstärke von 80–95% sinnvoll. Von großer Wichtigkeit ist hier die Benutzung von Zusatzgewichten, mit deren Hilfe man die richtige

Hängen mit Zusatzgewicht.

Belastungszeit von 3–4 Sekunden bei statischen Übungen und höchstens 3 Wiederholungen dynamischer Art reguliert. Bei größerer Belastungszeit verlieren die Reize ihre Effektivität, da Ermüdungserscheinungen ins Spiel kommen. Die auszuführenden Übungen sollten sich in 3–5 Serien ausdrücken. Die Pausen dienen der vollständigen Regeneration und müssen daher mindestens 3 Minuten lang sein.

Kraftausdauer extensiv		Kraftausdauer intensiv		Maximalkraft		
Dynamisch	Statisch	Dynamisch	Statisch	Dynamisch	Statisch	
40–60	40–60	60–80	60–80	80–95	80–95	Belastungsintensität
5–8	15–25	8–12	25–35	$\geq$3	3–4	Wiederholungen (Anzahl) Belastungsdauer (Sekunden)
20–25	20–25	10–15	10–15	3–5	3–5	Serien (Anzahl)
$\geq$90	$\geq$90	90–180	90–180	$\leq$180	$\leq$180	Pausenzeit (Sekunden)

Dynamisches oder statisches Krafttraining

Dynamisches Krafttraining wird in ein positiv-dynamisches und negativ-dynamisches Krafttraining unterteilt.

Beim positiv-dynamischen Krafttraining, der häufigsten Trainingsform in der Praxis, kommt es zu einer Kraftentwicklung durch Bewegungen mit muskelverkürzender Kontraktion. Mit dieser Trainingsmethode kann man je nach Belastungssteuerung Maximalkraft oder Kraftausdauer trainieren.

Das negativ-dynamische Krafttraining beinhaltet dagegen langsam nachgebende, die Muskulatur dehnende Bewegungen. Diese Trainingsmethode ermöglicht deutlich höhere Belastungsstärken als statisches oder positiv-dynamisches Krafttraining und eignet sich daher besonders für das Training der Maximalkraft oder Oberkörpermuskulatur.

Beim statischen Krafttraining kommt es weder zu einer sichtbaren Kontraktion noch zu einer Dehnung, sondern nur zu einer hohen Spannungsentwicklung. Vorteile dieser Trainingsmethode sind hohe Kraftzuwachsraten und eine gesteigerte Trainingseffektivität. Nachteile statischer Übungen äußern sich jedoch gravierend durch das schnelle Einsetzen einer Maximalkraftbarriere und einer Verringerung der Muskelelastizität und Dehnfähigkeit.

Trainingsmodelle

Sämtliche nachfolgend erwähnten Modelle sind für das Training von extensiver Kraftausdauer, intensiver Kraftausdauer und Maximalkraft gedacht.

Blocktraining:
Block = 4 Pakete
Paket = 4 Übungen an einem Griff
Übungen = Klimmziehen / Hängen 1 / Hängen 2 / Hängen 3
Zwischen den einzelnen Übungen sind entsprechend der Trainingsform Pausen einzubauen, zwischen den verschiedenen Paketen Pausen von mindestens 5 Minuten.

Begriffserklärungen:
● Klimmziehen = ruckfreies, dosiertes Ziehen und Nachlassen
● Hängen 1 = ausgestrecktes Hängen
● Hängen 2 = Ellbogenwinkel ca. 100 Grad (siehe Skizze 3)
● Hängen 3 = Ellbogenwinkel ca. 70 Grad (siehe Skizze 4)

Bestimmte Griffreihenfolge:
Etwa 10–15 ausgewählte Griffe werden nach einer bestimmten Reihenfolge belastet.

Individuelles Training:
Frei erstellbares, kreatives Programm zur Beseitigung von Schwachstellen, verstärktes Training problematischer Griffe oder einer bestimmten Kletterpassage. Beispiele:
● Einarmiges Ziehen bzw. Hängen ohne Unterstützung.
● Aus einer angewinkelten Haltestellung an einem gutem Griff wird langsam nachgegeben. Das Zusatzgewicht muß so gewählt werden, daß ein längeres Fixieren einer Stellung nicht ausführbar ist.
● Belastung einzelner Finger an einer Bandschlinge.
● Halten eines Zweifingerloches angewinkelt mit Unterstützung (Deuserband, Beinbelastung . . .).
● Einüben einer Dynamischen Griffsequenz (Das Fixieren eines gerade noch haltbaren Griffes mit gleichzeitigem Schnappen nach einem anderen Griff wird bis zu 5 mal ohne große Pause – höchstens 120 Sekunden – durchgeführt).
● Einüben realer Griffsequenzen (Neben dem Trainingseffekt wird auch eine positive Einstellung zu einer Schlüsselstelle, einer Passage und damit auch einer Route gewonnen).

Die Wichtigkeit der Pausen

Es wird unterschieden zwischen:
- Vollständiger Pause = mindestens 3 Minuten → volle Regeneration.
- Unvollständiger Pause = höchstens 3 Minuten → leichte Regeneration.

Gradmesser für die Art der Pause ist der Puls. Ein Puls von 75–90 Schlägen pro Minute deutet auf eine vollständige Erholung hin, ein Puls von 120–130 Schlägen pro Minute kennzeichnet dagegen eine unvollständige Pause (Diese Werte beziehen sich auf einen Ruhepuls von 60 Schlägen pro Minute. Der Ruhepuls wird 3 Minuten nach dem Aufstehen gemessen). Pausen sind mit Lockerungsübungen aktiv zu gestalten. Nur ein Training mit angemessenen Pausen verspricht Erfolg. Während die Belastungszeit exakt zu bestimmen ist, gibt es bei der Pause nur Richtwerte, die anhand persönlicher Werte und Erfahrungen aus den ersten Trainingstagen korrigiert werden müssen. Die optimal gestaltete Pause stellt eine dominierende Größe dar.

Die Abwärmphase

Obwohl die Abwärmphase eine schnellere Regeneration bewirkt, ist sie bei vielen trainierenden Kletterern nicht Bestandteil der Trainingseinheit.

Abnehmende Belastung:
Nach dem Krafttraining werden einige Übungen mit deutlich geringerer Belastungsintensität durchgeführt.

Dehnen:
Spezielle Dehnübungen bringen die verkürzten Muskeln wieder auf normale Länge (Vorsichtig und nur mit halbem Einsatz dehnen, da die Muskeln bereits ermüdet sind).

Auflockern:
Lockerungsübungen lockern und entspannen die belastete Muskulatur.

Auswertung der Trainingsergebnisse:
Der Vergleich der aktuellen Ergebnisse mit Werten der letzten Trainingseinheiten zeigt eventuelle Schwachstellen oder sogar falsches Training auf (Beispiel → zu hoher Umfang, zu geringe Intensität. . .).Höchstwahrscheinlich erkennt man jedoch einen stetigen Anstieg der Leistungwerte mit der Folge eines neuen Motivationsschubes.

Erstellung eines Trainingsplans

- Ausgangspunkt der Planung ist die Leistungs-/Wettkampfperiode; von ihr werden rückwärtsrechnend die Perioden, Etappen und Zyklen festgelegt.
- Den verschiedenen Zeiteinheiten werden Trainings- und bestimmte Belastungsformen zugeordnet (extensive Kraftausdauer, intensive Kraftausdauer, Maximalkraft).
- Durchführbare Trainingseinheiten werden erstellt (Trainingsmodelle, Pausen...).
- Schwerpunkte werden in den einzelnen Etappen berücksichtigt.
- Leistungskontrollen sind ca. alle 4–6 Wochen einzuplanen; der bei der Leistungskontrolle festgestellte „Istzustand" beeinflußt entscheidend die Trainingsform und Belastungsdosierung der folgenden Trainingsetappe.

Einige Fragen, die eine individuelle Trainingsplanung beeinflussen

- Wieviel Zeit steht mir zum Training in den Trainingsabschnitten zur Verfügung?
- Wo kann ich trainieren und wieviel Zeit benötige ich zum Erreichen des Trainingsortes?
- Ist der einwandfreie Zustand meiner Ausrüstung und des Trainingsgerätes gegeben?
- Bin ich „kerngesund" und voll belastbar.
- Kann ich mehrmals täglich trainieren?
- Habe ich Tage, an denen ich gar nicht oder nur kurze Zeit trainieren kann?
- Wie wähle ich das Verhältnis zwischen Krafttraining und Klettern?

Praktisches Vorgehen beim Erstellen eines Trainingsplanes anhand eines Beispieles

Festlegen der Trainingsmodelle
(Vorbereitungsperiode, 5 Trainingstage pro Woche)

Blocktraining an 4 ausgewählten Griffen (Klimmziehen / Hängen 1 / Hängen 2 / Hängen 3).
Individuelles Training zur Verbesserung von einarmigem Ziehen/Fixieren (Benützung von Deuserband).

Festlegen der Zeitabschnitte, Trainingsmaßnahmen und der Trainingsfolge

Tag	Etappe 1 (1.12.–19.1.)	Etappe 2 (20.1.–28.2.)	Etappe 3 (1.3.–15.4.)
1	KA, ext.	KA, ext.	KA, ext.
2	MK	MK	MK
3	Indiv.	Indiv.	Indiv.
4	Pause	Pause	Pause
5	KA, int.	KA, int.	KA, int.
6	KA, ext.	KA, ext.	KA, ext.
7	Pause	Pause	Pause

Testreihe mit maximaler Leistung durchführen:

Maximaltest ohne letzten Einsatz, locker bleiben.
Zwischen den Übungen 3 Minuten Pause.
Die Testreihe umfaßt einen Block.
Reihenfolge des Paktes innerhalb des Blocks (eingestuft nach persönlichem Leistungsvermögen an den 4 Griffen) Schwer = 3 / Leicht = 1 / Sehr schwer = 4 / Mittel = 2.

Paket	Klimm-Nr.	Stat. Hg. 1	Stat. Hg. 2	Stat. Hg. 3
3	12 x	45 Sek.	40 Sek.	35 Sek.
1	19 x	60 Sek.	52 Sek.	45 Sek.
4	10 x	40 Sek.	35 Sek.	30 Sek.
2	11 x	53 Sek.	51 Sek.	42 Sek.

Die Testwerte werden anschließend prozentual für die 4 Griffkombinationen sowie für die jeweilige Trainingsmaßnahme umgerechnet (Beispiel → Maximal 12 Klimmzüge → Kraftausdauer extensiv 6 Klimmzüge, da 50% notwendig).

Aufzeigen einer möglichen Leistungsentwicklung am Beispiel des schweren Paketes (3):

Etappe 1: 1.12.–19.1.

	Klimm.	P/min.	Hg 1/sek.	P/min.	Hg 2/sek.	P/min.	Hg 3/sek	P/min.
KA, ext.	6 x	1.30	23	1.30	20	1.30	18	3.00
KA, int.	8 x	3.00	32	3.00	28	3.00	25	6.00
MK	3 x	4.00	3	4.00	3	4.00	2	8.00

Etappe 2: 20.1–28.2.

	Klimm.	P/min.	Hg 1/sek.	P/min.	Hg 2/sek.	P/min.	Hg 3/sek	P/min.
KA, ext.	7 x	1.15	24	1.15	22	1.15	19	2.30
KA, int.	9 x	2.30	34	2.30	31	2.30	27	5.00
MK	3 x	3.30	4	3.30	3	3.30	3	7.00

Etappe 3: 1.3.–15.4.

	Klimm.	P/min.	Hg 1/sek.	P/min.	Hg 2/sek.	P/min.	Hg 3/sek	P/min.
KA, ext.	7 x	1.00	25	1.00	23	1.00	20	2.00
KA, int.	10 x	2.00	36	2.00	34	2.00	29	5.00
MK	4 x	3.00	4	3.00	4	3.00	3	6.00

Die Maximalkraftübungen werden mit Zusatzgewicht ausgeführt, so daß es eine exakte Belastungszeit bzw. Wiederholungszahl ergibt.

136

Stagnation des Leistungsniveaus

Stagniert bzw. nimmt das Leistungsniveau trotz korrekter Ausführung des erstellten Trainingsplanes über einen längeren Zeitraum ab, so sind folgende Fragen zu überprüfen:
- Stimmt der Trainingsplan (Belastungsinstensität, Pausenzeit...)
- Gibt es zusätzliche sportliche Aktivitäten, die das Leistungsvermögen bezüglich der Trainingseinheit vermindern.
- Ist irgendeine Krankheit zu bemerken?
- Persönliche Probleme?
- Berufliche Gründe?

Tips zur Trainingsdurchführung

- Aufwärmen und Dehnen der Muskeln ist Pflicht; dabei Ganzkörperprogramm anwenden. Ebenfalls sollte ein Abwärmen durchgeführt werden.
- Einfache, überschaubare Trainingsprogramme verwenden.
- Ein zeitliches Einhalten des erstellten Trainingsplanes ist unbedingt notwendig.
- Die Pause sollte aktiv gestaltet werden (lockeres Bewegen usw.).
- Bei auftretenden Schmerzen ist entsprechend zu handeln (→ gesundes Training).
- Leistung 70% ist nicht gleich Leistung 70%; Tagesform, Gesundheitszustand usw. bewirken zum Teil Leistungsverschiebungen.
- Hat man nach ein paar Minuten einer Trainingseinheit das Gefühl, deutlich unter normaler Form zu sein, so ist eine Reduzierung der Belastungsstärke und des Umfangs anzuraten.
- Wenn das Körpergewicht verringert wird, dann ist nur ein lockeres Krafttraining zum Krafterhalt zu betreiben. Ausdauertraining im mittleren Bereich unterstützt das Abnehmen.
- Sämtliche Ergebnisse aller Trainingseinheiten werden schriftlich festgehalten.
- Wegen der besseren Kraftübertragung sollte beim Training Magnesia verwendet werden.

Beweglichkeit

Noch in den Anfängen der Freikletterbewegung fast gänzlich mißachtet, gewinnt heute das gymnastische Training immer mehr an Bedeutung. Haben sich vor Jahren Spitzenkletterer nur beim Aufwärmen ein wenig gedehnt, so führt heute jeder ehrgeizige Kletterer bewußt gymnastische Trainingseinheiten durch.

Argumente für das Dehnen

- Muskeln werden entspannter, weicher und damit leistungsfähiger.
- Verletzungen wird vorgebeugt.
- Anzahl der Bewegungsmöglichkeiten wird erhöht.
- Bewegungskoordination verbessert sich, da die Bewegungen leichter ausgeführt werden können.

Dehnungsmethode

Eine Dehnung kann man auf unterschiedliche Weise vornehmen:

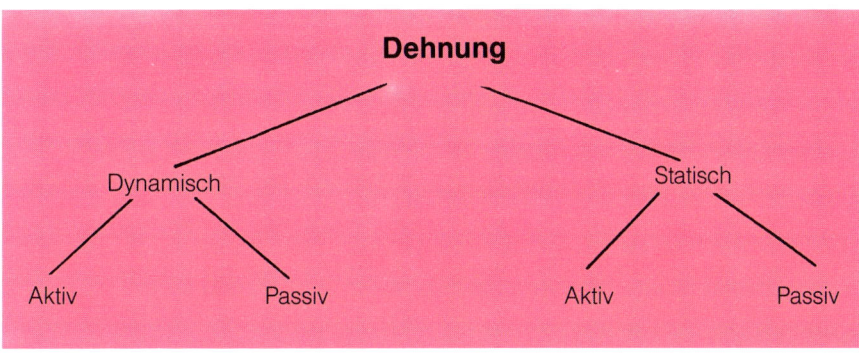

Die statische, aktive Dehnungsmethode, bekannt als „Stretching", ist für das Klettern die sicherste und effektivste Form der Dehnung. Es wird eine Dehnstellung statisch für einige Zeit gehalten und zwar aktiv, d. h. ohne Mithilfe von Gerät oder Partner.

Dehntechnik

Falsches Dehnen kann nicht nur eine Stagnation des Niveaus, sondern sogar ein Absinken bewirken. Ein ständiges Nachfedern oder Wippen ist ein Weg, der nicht zum Ziel führt. Die Gefahr von Verletzungen nimmt deutlich zu. Einrisse im Muskelgewebe führen zur Bildung von Narben und damit zu einem Verlust von Elastizität. Die Muskeln werden hart und nicht mehr so leistungsfähig. Gewünschte Resultate werden nur durch richtig erlerntes Dehnen erreicht.

Richtiges Dehnen:
Die gewünschte Dehnung wird so eingenommen, daß man in den Muskeln eine milde Spannung verspürt. Diese Stellung hält man ungefähr 10–30 Sekunden; während dieser Zeit hat das Gefühl der Spannung nachzulassen. Geschieht dies nicht, so wählt man einen angenehmeren Grad der Dehnung.

Tips zur Trainingsdurchführung

- Eine intensive Erwärmung durch Gesamtkörperübungen wie Laufen ist Pflicht.
- Dehnen verursacht weder physische noch psychische Belastung. Selbst tägliches Dehnen bringt keine Nachteile mit sich.
- Zu dehnen sind alle beim Klettern beanspruchten Muskelgruppen.
- Verspannte, verhärtete oder auch verletzungsanfällige Muskelgruppen sind besonders ausführlich zu dehnen.
- Dehnstellungen werden langsam eingenommen.
- Mit mehreren Wiederholungen (maximal 10) geht man millimeterweise in stärkere Dehnungen über.
- Nur oftmaliges Dehnen im Grenzbereich bringt Fortschritte in der Beweglichkeit.
- Bei Wiederholungen gleicher Übungen sind Pausen zwischenzuschalten.
- Die Pausen sind mit Entspannungs- und Lockerungsübungen zu gestalten.
- Besser ist es jedoch, die „Pausenzeit" mit Dehnübungen anderer Muskelpartien zu verbringen.

Spezifische Dehnübungen

Arm- und Schulterbereich

Arme fassen über Kreuz an den unteren Rand der Schulterblätter; eine leicht angezogene Stellung wird gehalten, die Ellbogen zeigen nach oben. (Bild 1)

140

Der Brustkorb wird nach vorne gedrückt. Die Fingerspitzen versuchen sich zu berühren; bei eingehängten Fingern wird durch gegenseitiges Ziehen die Dehnung verstärkt. (Bild 2)

Die Beine sind etwa hüftbreit auseinander; die Oberschenkel sind senkrecht. Der Kopf berührt den Boden. Mit den Schultern drückt man nach unten, bis sich ein Ziehen in der Brustmuskulatur einstellt. (Bild 3)

Oberkörper und Beine bilden einen rechten Winkel; die Handflächen der eingehäkelten Hände zeigen nach hinten. (Bild 4)

Bild 1

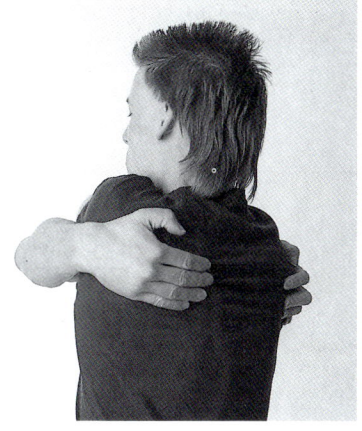

Bild 2

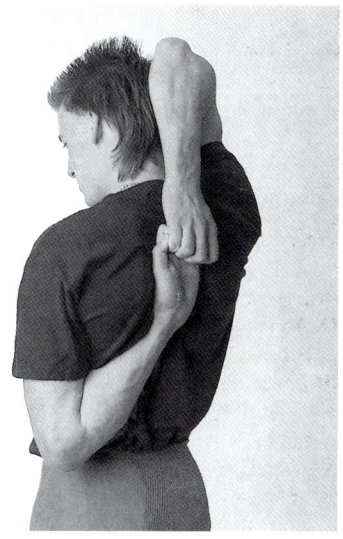

Bild 3

Bild 4

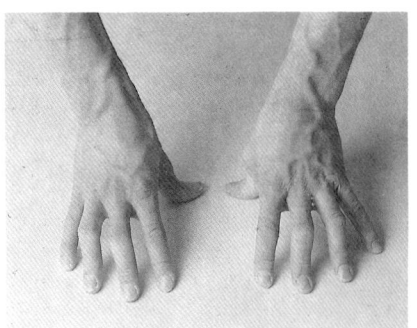

Bild 1

Bild 2

Bild 3

Bild 4

Unterarmmuskulatur/Hände

Man versucht mit den Fingern eine glatte Oberfläche zu fassen. (Bild 1)
Die Hände bilden ein Gewölbe; die Ellenbogen zeigen waagrecht nach außen. Die Finger drücken gegeneinander. (Bild 2)
Die Hände werden, mit den Fingern nach unten zeigend, in Schulterhöhe gegen eine Wand gedrückt. Durch ein Zurückgehen entsteht eine entsprechende Dehnung. (Bild 3)
Die verhäkelten Hände zeigen mit der Handinnenfläche nach oben. Ein Strecken nach oben bewirkt eine Dehnung. (Bild 4)

Oberschenkelmuskulatur

In angewinkelter Beinstellung umfassen sich die Beine. Die Hände ziehen die Füße
an das Gesäß. Die Hände stützen sich nun nach hinten ab, die Knie drücken nach
unten. (Bild 1)
Ein weiter seitlicher Ausfallschritt wird angesetzt; der Fuß des gestreckten Beines
zeigt nach vorne, der des angewinkelten Beines zur Seite. Während eine Hand sich
am abgewinkelten Bein abstützt, übt die andere Hand am Oberschenkel des gestreckten Beines einen Druck nach unten aus. (Bild 2)
Die Position einer weiten Grätsche wird eingenommen; die Füße zeigen nach
außen. Der Oberkörper ist leicht nach vorne gebeugt und auf beide Hände gestützt.
Die Verlagerung des Gewichtes auf die Hände ermöglicht eine langsame, kontrollierte Vergrößerung der Grätschstellung. (Bild 3)

Bild 1

Bild 2

Bild 3

Wadenmuskulatur

Die Hände drücken, mit den Fingern nach oben zeigend, in Schulterhöhe gegen eine Wand. Der Körper befindet sich in leichter Schräghaltung. Das zu dehnende Bein steht mit dem ganzen Fuß am Boden und übt einen Druck nach vorne. Das andere Bein steht leicht angewinkelt auf den Fußspitzen unter dem Körper.

Rückenmuskulatur

Man liegt flach auf dem Bauch. Die Hände umfassen sich leicht angewinkelt am Rücken. Nun drückt man den Oberkörper soweit nach oben, bis man eine Spannung am Rücken merkt. (Bild 1)
In Sitzstellung sind die Beine hüftbreit angewinkelt am Boden. Die Hände greifen, von innen unter den Kniekehlen hindurch, an die Füße. Kopf und Oberkörper drücken nach vorne-unten; die Hände unterstützen dies durch ein Heranziehen. (Bild 2)

Bild 1   Bild 2

Hüfte

Die Beine sind leicht gespreizt, die Hände stützen sich an den Hüften. Der Oberkörper legt sich zur Seite, bis eine Spannung auftritt. Die Beine verändern ihre Position nicht. (Bild 1)
Die Beine sind leicht gespreizt, die Hände stützen sich an die Hüfte. Das Gesäß drückt entsprechend weit nach vorn. (Bild 2)

Bild 1   *Bild 2*

Ernährung

Richtige Ernährung fördert Gesundheit, Leistungsfähigkeit, Leistungsbereitschaft, Vitalität und Wohlbefinden!

Trotz dieser verlockenden Verheißung fällt es oft schwer, alteingebürgerte Eßgewohnheiten aufzugeben. Der Mensch ist ein Gewohnheitstier: Was für den einen die tägliche Tafel Schokolade ist, ist für den anderen das unersetzliche Wurstbrot mit Mayonnaise.

Sport kann uns dazu motivieren, leistungshemmende Ernährungsformen durch eine gesunde, ballaststoffreiche Mischkost zu ersetzten. Aus beruflichen und sozialen Gründen (Familie), bzw. auf Reisen kann der Sportler nicht immer Einfluß auf den Speiseplan nehmen. Trotzdem kann jeder durch gezieltes Weglassen und einfache Ergänzung zu einer ausgewogenen, vielseitigen Ernährung beitragen.

Gesunde Mischkost (nach Konopka)

- **Biologisch hochwertiges Eiweiß:**
  Milch, Milchprodukte (Magerstufe), Ei, mageres Fleisch, Fisch (magere Fischsorten!).
- **Biologisch hochwertige Kohlenhydrate:**
  Getreidearten, Müsli, Kartoffeln, Naturreis, Vollkornprodukte, Honig.
- **Lebendige Nahrungsmittel:**
  Obst und Gemüse, Obst- und Gemüsesäfte, Sojaprodukte, Jogurth, rohes Steak, Knoblauch, Honig, Weizenkeime, frische Petersilie, frisches Sauerkraut, Hefe (Bierhefe), Obstessig, Blütenpollen, Salate, Nüsse, Milch, Käse.

Ernährungsfehler

- **fette Speisen:** fettes Fleisch, Wurst, viele Käsesorten, in Fett Gebratenes (panierte Speisen, Pommes frites), fetter Fisch (Aal), Mayonnaise.
- **biologisch minderwertige Speisen:** Produkte aus Weißmehl (Weißbrot, Kekse, Kuchen), Schokolade, Süßigkeiten.
- **schwer verdauliche Speisen:** gebratenes Fleisch (Rind, Gans, Ente, Hase), Salzheringe, Erbsen, Bohnen, Gurken
- eiskalte Getränke jeder Art, Speiseeis.

Energiebedarf

Der Energiebedarf variiert von Mensch zu Mensch so stark, daß keine allgemein gültigen Richtlinien gegeben werden können. Außerdem hängt er weitgehend von der Intensität der Belastung ab. Die sicherste Überwachung der Energiezufuhr erfolgt durch die tägliche Gewichtskontrolle (am Morgen, nüchtern, nackt, nach der Toilette). Vgl. auch → Abnehmen Seite 154.

Verteilung der Nährstoffe

Idealverteilung für Ausdauersportler:
73% Kohlenhydrate
13% Eiweiß
14% Fett

Kohlenhydrate

● Kohlenhydrate sind die wichtigsten Energielieferanten für den menschlichen Organismus.
● Die wichtigsten Kohlenhydrate sind Zuckerarten und Stärke.
● Für die Energiezufuhr sollte Zucker möglichst vermieden werden (höchstens 10%), da er den Blutzuckerspiegel zu schnell ändern kann.
● Günstiger sind komplexe Kohlenhydrate (Polysaccaride), weil sie durch ihren kompakteren chemischen Aufbau im Körper nur langsam und gleichmäßig abgebaut werden. Viele dieser Verbindungen liefern gleichzeitig wichtige Vitamine, Mineralsalze und Ballastotoffe.

Kohlenhydratreiche Nahrungsmittel
Kartoffel, Nudeln, Getreideprodukte, Müsli, Vollkornbrot, Naturreis, Gemüse.
(→ Engergiebereitstellung vgl. Seite 150)
(→ Ernährung für den Kletterer vgl. Seite 152)

Eiweiß (Protein) – Aufbaustoff der Muskeln

● Eiweißstoffe (Aminosäuren) sind für den Aufbau und die Regeneration der Muskel- und Zellsubstanz verantwortlich.
● Eiweiß sollte regelmäßig zugeführt werden.

- Das Verhältnis von tierischem und pflanzlichem Eiweiß sollte 1:1 betragen.
- Für Kraftsportarten wird eine Eiweißmenge von 2 bis 3 Gramm pro Kilogramm des Körpergewichts empfohlen.
(Verschiebung der Idealverteilung der Nährstoffe zugunsten des Eiweißes)
- Ein leichter Eiweißüberschuß erhöht Trainingsbereitschaft, Koordinations- und Konzentrationsfähigkeit.
- Zu viel Eiweiß belastet die Nieren und kann zu einem hohen Harnsäurespiegel führen.

Tierisches Eiweiß
Geflügel, Fisch, Milch und Milchprodukte, Ei, Fleisch und Wurst.

Pflanzliches Eiweiß
Getreideprodukte, Müsli, Soja, Kartoffel, Nüsse, Gemüse.

Biologische Wertigkeit
Ein Eiweiß ist umso hochwertiger, je ähnlicher seine Zusammensetzung dem menschlichen Körpereiweiß ist. Hochwertiges Eiwiß kann leichter zum Aufbau von Körpereiweiß verwendet werden.
Die Kombination von verschiedenen Eiweißarten steigert ihre
Wertigkeit: Ei und Kartoffeln,
Milch und Getreide,
Bohnen und Mais.

Fette

- Fette dienen der Zellerneuerung.
- Durch Fette werden verschiedene Vitamine löslich.
- Jeder Mensch hat ca. 5 bis 6 kg Körperfett, das ein riesiges Körperreservoir darstellt (ca. 50 000 kcal).
- Fettreiche Nahrung hat negative Auswirkungen auf die Dauerleistungsfähigkeit.
- Fett ist schwer verdaulich und liegt viele Stunden im Magen.
(vgl. → Energiebereitstellung Seite 150)
(vgl. → Ernährung für Kletterer Seite 152)

Vitamine

Vitamine sind wichtige Schutz- und Reglerstoffe, die der Körper nicht selbst erzeugt.

- Vitamine sollen täglich zugeführt werden.
- Vitamine sind unerläßlich für viele Stoffwechselvorgänge.
- Vitamine kommen in frischem Obst, Gemüse und Getreide vor.

Mineralsalze (Elektrolyte)

Mineralsalze haben für den Organismus eine große Bedeutung. Sie regeln den osmotischen Druck in den Zellen, ermöglichen die Muskeltätigkeit und spielen für den Wasserhaushalt eine wichtige Rolle.

- **Elektrolyte** heißen die als Ionen in der Körperflüssigkeit gelösten Mineralsalze.
- Durch das Schwitzen verliert der Körper wichtige Stoffe wie Kochsalz, Kalium, Kalzium, Magnesium, Phosphor, Schwefel, Zink, Eisen, Mangan und Kupfer.
- Der tägliche Bedarf an diesen Stoffen wird normalerweise durch eine gesunde Mischkost gedeckt.
- Bei großen Schweißverlusten entsteht ein Mangel an Natrium, Kalium, Magnesium und Kalzium.
- Mineralsalzmangel äußert sich in verminderter Leisungsfähigkeit (Krämpfe, Ermüdung und Erschöpfung).

(vgl. → Wasserhaushalt Seite 152)

Isotonische Getränke
In isotonischen Getränken entspricht die Mineralsalzkonzentration der des Blutes.
(vgl. → Wasserhaushalt Seite 152)

Ballaststoffe

Ballaststoffe sind pflanzliche Nahrungsbestandteile, die für eine geregelte Verdauung notwendig sind. Sie beschleunigen den Transport des Speisebreies in den Darm, stärken die Darmmuskulatur und fördern das Wachstum nützlicher Darmbakterien.
Ballaststoffreiche Nahrung sind Obst, Gemüse, Getreideprodukte (Vollkorn).

Engergiebereitstellung

Die Art der Engergiegewinnung richtet sich nach Intensität und Dauer der Belastung und nach dem Trainingszustand des Sportlers. Bei hoher Intensität steht die Kohlenhydratverbrennung im Vordergrund, bei langen und wenig intensiven Belastungen die Fettverbrennung. Ein trainierter Sportler kann bei immer höherer Intensität die Energie aus dem Fettspeicher beziehen und somit die Kohlenhydratreserven schonen.

Phosphatspeicher

Kurzfristiger Energiespeicher für maximale Muskelleistung (ohne Verbrauch von Sauerstoff).

Kohlenhydratspeicher

● Die ökonomischte und wirkungsvollste Energiegewinnung für intensive Belastungen erfolgt aus der Kohlenhydratverbrennung.
● Dabei spielt die Sauerstoffverbrennung eine entscheidende Rolle. Nach kurzzeitiger Energiebereitstellung ohne Sauerstoffverbrennung (anaerob) erfolgt die Umstellung auf Sauersotffverbrennung (aerob). Je mehr Sauerstoff der Organismus aufnehmen kann, desto mehr Energie kann gewonnen werden.
● Kohlenhydrate werden in Form von Muskelglykogen in Muskulatur und Leber gespeichert. Die Kapazität beträgt je nach Trainingszustand 300 bis 700 g und entspricht einer Energiereserve von maximal 3 000 kcal. Bei extremer Belastung reicht dieser Speicher höchstens 1 Stunde. Durch starke Betonung des Kohlenhydratanteils in der Nahrung (70 bis 80%) und intensivem Training kann die Speicherkapazität verdreifacht werden.

Kurzfristiger Aufbau der Glykogenspeicher
Eine Woche vor einer extremen Ausdauerbelastung werden die Glykogenspeicher durch intensives Training entleert. In den nächsten 2 bis 3 Tagen wird intensiv trainiert und die Glykogenaufnahme durch eiweiß- und fettreiche Kost blockiert. Drei Tage vor der Extrembelastung wird das Training stark reduziert und auf eine kohlenhydratreiche Ernährung umgestellt. Die Muskelzellen speichern nun kurzfristig die etwa dreifache Glykogenmenge.

Fettspeicher

Trotz der Wirksamkeit des begrenzten Kohlenhydratspeichers versucht der Körper, die Energie aus dem fast unbegrenzten Fettspeicher zu beziehen. Jeder Mensch hat 5 bis 6 kg Fett, das einer Energiereserve von ca. 50 000 kcal. entspricht.

Nachteile der Fettverbrennung:
Für die Energiegewinnung aus Fett wird mehr Sauerstoff benötigt. Die energetische Flußrate (Energiefreisetzung pro Zeiteinheit) ist nur halb so groß wie bei der Kohlenhydratverbrennung.

Wasserhaushalt

Wasser ist eine lebensnotwendige Flüssigkeit, die verschiedenste Vorgänge im Körper (Temperatur, Stoffwechsel...) regelt. Täglich sollten mindestens 2 bis 3 Liter durch Nahrung und Getränke aufgenommen werden.
Wasser hat einen positiven Einfluß auf die Leistungsfähigkeit, Durchhaltevermögen und Krampfwiderstandsfähigkeit. Schon 1 Liter Wasserverlust kann die Leistungsfähigkeit um ca. 15% herabsetzen. Geht ein Fünftel des gesamten Körperwassers verloren, stirbt man.

Richtiges Trinken
● Häufig und viel, nicht erst bei Durstgefühl.
● Schluckweise, alle 30 Min. maximal 200 ml.
● Das Getränk sollte kohlenhydrathaltig und isotonisch sein.

Ernährung für den Kletterer

Grundregeln

● Naturangepaßte Mischkost deckt den Grundbedarf, frische und natürliche Nahrungsmittel bevorzugen.
● Fünf bis sechs kleine Mahlzeiten pro Tag!
● Tägliche Gewichtskontrolle regelt den Nahrungsumfang.
● Viel und magenfreundlich trinken (lauwarm, keine kohlensäurehaltigen Getränke).
● Komplexe Kohlenhydrate sollten 70% der Nahrung ausmachen.
● Bei intensivem Training empfiehlt sich die Verwendung von Nährstoffkonzentraten: Vitamine B 1, B 2, B 6, B 12, Vitamin E, Vitamin C, Mineralstoffe, Spurenelemente, Eiweißstoffe.
● Eiweißreiche Kost erhöht die Leistungsbereitschaft, verkürzt die Regenerationszeit, fördert die Konzentration und Koordinationsfähigkeit.
Achtung: Zuviel Eiweiß belastet die Nieren und führt zu einem hohen Harnsäurespiegel (Gicht!).

- Zurückhaltung bei Zucker, Salz und Alkohol.
- Fettreiche Speisen meiden, Achtung vor versteckten Fetten (Wurst, Fleisch, Schokolade, Kuchen).

Ernährung beim Klettern

- Letzte große Mahlzeit ca. 5 Std. vor der Belastung.
- Kleine, leicht verdauliche Mahlzeit ca. 2 bis 3 Stunden vor dem Klettern.
- Essen und Trinken nicht erst bei Hunger- oder Durstgefühl!
- Um die Leistungsfähigkeit optimal zu erhalten, muß viel getrunken und leichtverdauliche, gut gekaute, komplexe Kohlenhydrate zugeführt werden.
- Trinken: Schluckweise, ca. alle 30 Minuten.
- Essen: Regelmäßig, spätestens alle 2 Stunden.
- Zucker möglichst vermeiden.
- Fettreiche Speisen vermindern die Dauerleistungsfähigkeit.
- Mineralsalzlose Getränke unbedingt vermeiden. Schneewasser z. B. kann vom „salzverarmten" Körper nicht gehalten werden und wird sofort wieder ausgeschieden, wobei zusätzliche Mineralstoffe verloren gehen.
- Kohlensäurehaltige Getränke führen zum Aufblähen des Magens und beeinträchtigen dadurch die Atem- und Herztätigkeit.
- Alkohol absolut meiden (negativer Einfluß auf Koordination; Wasserentzug des Körpers).

Abnehmen

Planloses Abnehmen ist ungesund und wenig zielführend.

Niedriges Körpergewicht ist sicherlich ein leistungsbestimmendes Kriterium für einen Kletterer. Wer glaubt, daß er nach einer bewegungsarmen Übergangsphase oder den schlaraffenlandähnlichen Weihnachtsfeiertagen sein Körpergewicht reduzieren muß, sollte unbedingt gezielt vorgehen. Drastischer Raubbau am eigenen Körper schadet nur der Gesundheit und artet in Heißhungeranfällen aus. Sinnvolle Gewichtsreduktion erreicht man entweder durch Heilfasten oder durch eine bewußt kalorienarm gehaltene Mischkost.

Heilfasten

Fasten ist die schnellste Methode, um überflüssiges Körpergewicht loszuwerden.

Voraussetzung
- ein gesunder Körper
- eingeschränkte, körperliche Aktivität (kein Training!)

Fastenform
- Buchinger-Fasten (Tee-Saft-Fasten), pro Tag: Kräutertee beliebig, 1/4 l Gemüsebrühe, 1/4 l Obstsaft, 1 Teelöffel Honig.
- Molkefasten, pro Tag 1 l Molke, Kräutertee.
- Wasserfasten, nur Wasser, Mineralsalz- und Vitamintabletten.

Vorgangsweise
Einstieg: Obsttag zur Entlastung und Vorbereitung
Fasten: 1. und 3. Tag Darmentleerung (Einlauf oder Glaubersalz).
Heilfasten sollte ohne ärztliche Kontrolle nicht länger als 14 Tage durchgeführt werden.

1000 Kalorien-Diät

- Weniger essen kann schwieriger sein als gar nichts essen.
- Diese Diät erfordert anfangs sehr viel Beherrschung, bringt aber langfristig wesentlich bessere Erfolge als konzentriertes Fasten, dem nicht selten ein Überkonsum im Heißhunger folgt.
- Trotz der Nahrungseinschränkung kann trainiert werden.
- Der Körper ist durch die geringe Nahrungsaufnahme wenig belastet, was ein Ansteigen der Leistungsbereitschaft zur Folge hat.
- Falsche Ernährungsweisen können auf diese Weise leichter korrigiert werden.

Empfehlungen:
- Möglichst viel Wasser trinken.
- Hungergefühle durch Trinken oder Obst stillen.
- Obst und Gemüse (wenig Kalorien!) bevorzugen.
- Auf fettreiche und zuckerhaltige Speisen ganz verzichten.

Register

Register

Literaturverzeichnis:

Berghold, Dr. F.: Bergmedizin heute, Bruckmann, 1987
Glowacz, S. / Pohl, W.: Richtig Freiklettern, BLV, 1989
Güllich, W. / Kubin, A.: Sportklettern heute, Bruckmann, 1986
Gschwendtner, S.: Sicher Freiklettern, Bergverlag Rudolf Rother, 1981
Harder, G. / Elsner, D.: Bergsporthandbuch, Rowohlt, 1987
Harre, Dr. D.: Trainingslehre, Sportverlag Berlin, 1973
Hettinger, Th.: Isometrisches Muskeltraining, Georg Thieme Verlag, 1972
Huber, H.: Bergsteigen heute, Bruckmann, 1986
Jonath, U.: Die biologischen Grundlagen des Trainings, RK Sportgerätevertrieb GmbH, Stadt Hagen, o. Jg.
Konopka, Dr. P.: Sport – Ernährung – Leistung, Wander, 1984
Loehr, Dr. J. E.: Persönliche Bestform durch Mentaltraining für Sport, Beruf und Ausbildung, BLV, 1988
Loos, P.: Trainingsplan für Peter Gschwendtner, 1985
Referatsunterlage „Psychologie im Sport", 1979
Referatsunterlage „Trainingsplan für Gewehrschützen", 1978
Referatsunterlage „Die Grundsätze des mentalen Trainings", 1977
Stoffsammlung „Biologische Grundsätze des Trainings", 1978
(alle zu beziehen bei: Peter Loos, Wasserwiese 10, 8102 Mittenwald)
Radlinger, L. / Iser, W. / Zittermann, H.: Bergsporttraining, BLV, 1983
Scherer, R. / Renzler, R.: Sport und Wettklettern, Broschüre des OeAV Innsbruck, 1989
Schubert, P.: Alpine Felstechnik, Bergverlag Rudolf Rother, 1989
Seibert, D.: Bergwandern – Bergsteigen, Bergverlag Rudolf Rother, 1990
Sternad, D.: Richtig Stretching, BLV, 1987
Wallace, B.: Dynamic, Stretching and Kicking, Unique Publications, 1982

Graphische Darstellungen: Angelika Zak

Karikaturen: Bernhard Wietlisbach

Bildnachweis:

Heinz Zak: Seite 9, 10, 12, 14, 15, 17, 18, 26, 40, 42, 45, 51, 61, 62, 68, 69, 70, 71, 72, 76, 83, 86, 92, 100,103, 104, 107, 112, 118, 120

Angelika Zak: Seite 2/3, 20, 23, 24, 27, 28, 37, 38, 44, 56, 57, 75, 79, 82, 114, 122

R. Rainer: Seite 6, 22; W. Güllich: Seite 29, 106; G. Walch: Seite 48; M. Plattner: Seite 58; S. Kiechl: Seite 80, 94, 117; D. Sinnhuber: Seite 84, 89

Schwarzweißbilder: H. Zak, M. Peters, S. Kiechl

Sicherheit + Können = Freude + Spaß

Lehrschriften
aus dem Bergverlag Rudolf Rother:

Pit Schubert
Alpine Felstechnik
256 Seiten mit 156 Abbildungen und 200 Zeichnungen, kartoniert,
cellophaniert   **DM 19,80**

Pit Schubert
Die Anwendung des Seiles in Fels und Eis
192 Seiten, 80 Zeichnungen und 35 Fotos, kartoniert,
cellophaniert   **DM 10,80**

Pit Schubert
Alpine Eistechnik
280 Seiten mit 89 Abbildungen und 196 Zeichnungen, kartoniert,
cellophaniert   **DM 26,80**

Klaus Hoi/Dr. Elmar Jenny
Behelfsmäßige Bergrettungstechnik
160 Seiten mit 202 Skizzen und Anleitung zur Ersten-Hilfe-Leistung,
kartoniert, in Plastikhülle   **DM 16,80**

James Skone
Sicher Eisklettern
144 Seiten mit 53 Abbildungen, 36 graphischen Darstellungen,
9 Karten- und Routenskizzen, kartoniert, cellophaniert   **DM 16,80**

Dieter Seibert
Orientierung im Gebirge
128 Seiten mit 37 Abbildungen und 26 Zeichnungen,
7 Kartenausschnitten, 1 Winkelmesser, kartoniert, cellophaniert **DM 16,80**

Adolf Schneider
Wetter und Bergsteigen
192 Seiten mit 68 Abbildungen, Skizzen und Tabellen,
Wetterkarten und 12 Farbtafeln, kartoniert, cellophaniert   **DM 16,80**

Dieter Seibert
Bergwandern – Bergsteigen
160 Seiten mit 70 farbigen und 46 Schwarzweißabbildungen sowie 24 Skizzen,
kartoniert, cellophaniert   **DM 29,80**

Bildbände bei Rother

Heinz Zak, Wolfgang Güllich

High Life

216 Seiten mit 95 Farb- und 67 Schwarzweiß-abbildungen sowie vier farbigen Übersichtskarten. Efalin mit Schutzumschlag.
Best.-Nr. 7240-7, DM 68,—

Freiklettern – anfangs belächelt, ist mittlerweile salonfähig als „Aussteige-Alibi" für Snobs. Dieses Buch ist eine aktuelle Bestandsaufnahme dieser faszinierenden Sportart. Der Aufbau folgt der historischen Entwicklung des Freikletterns: Ausgehend vom Elbsandstein wurden die Idee des Freikletterns über England in die USA getragen. Heute umfaßt dieser Sport alle Kontinente, was auch mit exotischen Zielen wie Australien und China dokumentiert wird.

Die Bilder dieses Bandes zeigen den gegenwärtigen Leistungsstandard im Klettern. Dennoch ist weder ein vollständiger Führer zu den entsprechenden Gebieten entstanden noch eine Bibel für Ethik und Moral, wenngleich versucht wurde, vornehmlich Artikel von Persönlichkeiten aufzunehmen, die durch ihre sportlich-faire Einstellung neue Maßstäbe gesetzt haben. Das Freiklettern: ein Synonym für Leistungsorientierung und unverkrampften Lebensstil

Erhältlich in Ihrer Buchhandlung